中国经验

科技企业孵化器高质量发展的路径

基于广州的多案例研究

陈晓龙　　王雪峰　　周怀峰◎著

光明日报出版社

图书在版编目（CIP）数据

科技企业孵化器高质量发展的路径：基于广州的多案例研究 / 陈晓龙，王雪峰，周怀峰著 . -- 北京：光明日报出版社，2024.6. -- ISBN 978 - 7 - 5194 - 8043 - 1

Ⅰ . F279. 276. 51

中国国家版本馆 CIP 数据核字第 2024YL3958 号

科技企业孵化器高质量发展的路径：基于广州的多案例研究
KEJI QIYE FUHUAQI GAOZHILIANG FAZHAN DE LUJING：JIYU GUANGZHOU DE DUO ANLI YANJIU

著　　者：陈晓龙　　王雪峰　　周怀峰

责任编辑：李　倩　　　　　　　责任校对：李壬杰　　乔宇佳

封面设计：中联华文　　　　　　责任印制：曹　净

出版发行：光明日报出版社

地　　址：北京市西城区永安路 106 号，100050

电　　话：010-63169890（咨询），010-63131930（邮购）

传　　真：010-63131930

网　　址：http://book.gmw.cn

E - mail：gmrbcbs@gmw.cn

法律顾问：北京市兰台律师事务所龚柳方律师

印　　刷：三河市华东印刷有限公司

装　　订：三河市华东印刷有限公司

本书如有破损、缺页、装订错误，请与本社联系调换，电话：010-63131930

开　　本：170mm×240mm

字　　数：130 千字　　　　　　印　　张：13

版　　次：2025 年 1 月第 1 版　　印　　次：2025 年 1 月第 1 次印刷

书　　号：ISBN 978 - 7 - 5194 - 8043 - 1

定　　价：85.00 元

前　言

　　科技企业孵化器如何才能够实现高质量发展一直是学界、政府及业界关注的热点。然而，目前无论学界、政府还是业界，对科技企业孵化器高质量发展的内涵和实现高质量发展途径均缺乏统一的认知，导致在现实的管理和实践中出现认知混乱现象，不利于科技企业孵化器的高质量发展。因此，在理论上有必要进一步厘清科技企业孵化器高质量发展的相关理论。

　　本书以广州科技企业孵化器高质量发展为研究对象，在系统阐述科技企业孵化器高质量发展的内涵、内核和特征基础上，从确定方向、精选种苗、动员资源、运营资源、同类企业和产业孵化六个维度剖析科技企业孵化器高质量发展的实现过程与机制，初步构思出广州科技企业孵化器高质量发展的理论留待后面的多案例分析检验。

　　本书扎根于广州 12 家孵化器案例的资料和数据，聚焦广州典型的科技企业孵化器高质量发展案例的全过程，遵循基于扎根理论的多案例研究步骤，以实地调查、深度访谈和二手资料为基础，分析归纳案例资料和数据，建立证据链，为抽象概括科技企业孵化器高质量的发展理论提供来自广州科技企业孵化器的足够素材。本书基于扎根理论的多案例的研究，抽象出科技企业孵化器发展路径的一般理论，然后与本书提出的理论构想进行比对，在案例内抽象出的理论与本书提出的科技企业孵化器高质量发展路径的理论构想一致，在某种程度上说，本书提出的理论构想在案例范围内得到检验，即确定孵化方向、精选孵化种苗、有效动员孵化资源、高效运营资源、孵化同类企业和产业是科技企业孵化器实现高质量发展的可行路径。

研究发现，聚焦特定专业技术产业，选定高质量种苗，进行专业技术服务，孵化专业化产业，是科技企业孵化器高质量发展的起点。对于自身不具备专业技术孵化能力或者孵化资源较少的孵化器，可以通过加入孵化网络，不断提高自身网络位阶，获取外部孵化资源弥补自身孵化资源和孵化能力的不足，提升孵化能力，实现自身高质量发展。在具备足够的孵化资源后，可以通过孵化服务一体化的方式，也可以借助外部网络资源，为入孵企业提供全链条孵化，推动孵化器内专业化产业集群和专业化创新集群，最终实现科技企业孵化器的高质量发展。

研究还提示，专业技术领域孵化是科技企业孵化器高质量发展的中间目标，打造创新孵化命运共同体，杠杆化利用外部资源有利于弥补自身孵化资源的不足。广州科技企业孵化协会在孵化网络中扮演了中心节点的角色，在科技企业孵化器的高质量发展中起到了行业自组织领导者的作用。

最后，根据研究的逻辑，提出推进广州科技企业孵化器高质量发展的相关对策建议。

本书的研究深化了对科技企业孵化器高质量发展的理论认知，拓宽了孵化器高质量发展的视野，丰富了推动孵化器高质量发展的工具和手段，对推动科技企业孵化器高质量发展的实践和管理具有现实的理论指导和借鉴价值。

目　录
CONTENTS

第一章

绪论

第一节　研究背景和目的

一、研究背景

2014 年起，"大众创业、万众创新"口号响彻全国，国家对创新创业政策持续扶持，地方政府层层跟进，各类孵化器或冠名的孵化器可谓"遍地开花"，科技企业孵化器数量爆发式增长。2017 年前后可以说是"天天有新增，处处都有孵化器"的时期，其间大多数孵化器都能拿到政府补贴且基本靠政府补贴来维持。在快速、粗放型的"野蛮生长"时期，企业孵化器数量的爆发式增长并没有伴随着相应的质量升级，造成同质孵化服务市场供给严重过剩，市场竞争激烈。随着很多鼓励政策在 2018 年终止，再加上新冠疫情冲击，低端或无特色的孵化器发展遇到前所未有的困境，"二房东"式孵化器发展之路越来越窄，整个行业正在面临市场的重新洗牌。

于是，整个行业开始冷静反思。首先是孵化器究竟应该怎样才能生存下去这个问题，其次是孵化器究竟应该是不分专业技术领域的综合孵化还是应该专注于特定专业技术领域的孵化，以及孵化器究竟应该是以产业孵化为主还是以普通就业为主的创业孵化等问题。可喜的是，无论学界、业界还是政界，对这些问题目前基本达成共识，即企业孵化器正处在转型升级高质量发展机遇期，孵化器的发展应该从强调硬件环境转到硬软件环境兼备，回归高新技术企业孵化的内核，走专业技术领域的高新技术企业孵化道路，提升科技企业孵化器的高新技术产业孵化的功能。

虽然各界人士已达成上述共识，但要真做，做到并做好，远非说说这么简单，这不但需要创新，更需要痛苦地蜕变和心甘情愿地脱胎换骨，积极主动地进行自我革命，还需要必要的耐心等待、奉献精神和风险担当。

本书就是在这样的背景下，以广州科技企业孵化器高质量发展的实践为剖析对象，通过基于扎根理论的多案例研究，对广州科技企业孵化器怎样才能实现高质量发展进行探索性的思考，概括归纳出广州科技企业孵化器高质量发展的路径，并提出相应的对策建议，为国内科技企业孵化器高质量发展提供参考。

二、研究目的

一是尝试在理论上进一步明确科技企业孵化器发展的正确方向。近年来，出现了很多冠名为孵化器的机构和组织。许多冠名为"孵化器""科技企业孵化器""企业孵化器"等组织中，多数属于以普通就业或低端创业活动为导向的一般商业经营企业的孵化或传统的以解决就业为目标的创业企业孵化。严格来说，这些组织并不具备科技企业孵化的条件和能力，遑论高新技术创业或企业的孵化。这类孵化器孵化的主要是传统工商业复制型的创业企业或是解决普通就业的创业企业，并不属于本书所讲的科技企业孵化器的范畴。这些机构和组织想方设法往科技企业孵化器靠拢，其真正目的是想获得科技企业孵化器相关政策便利，争取政府相关资金支持和政策。

如果在理论和实践中不划清一般企业（普通就业的创业企业、传统工商业复制型创业企业）孵化器和科技企业孵化器的界限，也把这些孵化器当成科技企业孵化器，使其享受科技企业孵化器的政策待遇，不仅会带来理论上的模糊，而且会造成实践中的混乱，偏离科技企业孵化器发展的正确方向。

二是尝试通过对高质量科技企业孵化器的系统研究，为科技企业孵化器高质量发展提供理论指导。随着孵化器数量的快速增长和政府对孵化器在科技成果转化、专精特新企业孵化、新兴产业发展、未来产业孵化、传统产业转型升级等方面寄予厚望，政府投入了大量资源支持孵化器的发展，孵化器怎样才能实现高质量发展也就备受政府、业界和学界的关注。在新一轮科技革命和产业变革背景下，为更好地支撑科技自立自强、带动产业转型发展，孵化更多面向全球的本土硬科技企业，有必要对科技孵化器进行新定位、新提升，以国际一流的孵化理念集聚一流孵化人才、创新一流孵化机制，打造高质量的孵化模式，开辟发展新领域、新赛道，塑造发展新动能、新优势，助力创新驱动高质量发展。通过加快培育一批产业领域聚焦、专业能力凸显、示范效应明显的高质量孵化器，带动孵化器从基础服务向精准服务、从集聚企业向孕育产业、从孵化链条向厚植生态转变，引领科技创新和科技成果产业化高质量发展。

目前，无论学界、业界还是政界，对高质量科技企业孵化器都缺乏统一的认识。因此，本书着重阐述高质量科技企业孵化器的内涵、内核和特征，厘清并系统化提出科技企业孵化器高质量发展的路径，基于扎根理论的多案例纵向横向对比研究获取佐证，为科技企业孵化器高质量发展提供理论指导。

第二节 研究范畴和简要文献综述

一、企业孵化器与科技企业孵化器

（一）美国企业孵化器

自 1959 年在美国纽约由曼库索家族建立的"贝特维亚工业中心"被认为是全球第一家企业孵化器开始，企业孵化器就没有明确的定义，一直随着实践基础不断丰富而变化。随着企业孵化器在全球范围内的发展壮大和实践的不断深入，企业孵化器的类型、功能和表现形式越来越多样化，企业孵化器的概念却越来越模糊。

20 世纪 80 年代开始，学术界才开始对企业孵化器的内涵进行阐释。1985 年，戴维·N. 艾伦（David N. Allen）认为企业孵化器"应该具有组织与网络组织、地产建设经验与管理相关设施经验、提供商业服务的渠道、办公设施与孵化空间四种基本设施与服务。"之后的罗曼·W. 斯米勒（Roymond W. Smilor）则认为企业孵化器是"一种创新体系，协助创业者创业，推进初创企业发展，促进孵化器体系商品化。"美国企业孵化器协会则认为企业孵化器是"一种企业支持计划，其对象是新创立的公司"。这些定义都认为孵化器在于营造一个有利于中小企业的创业环境，强调对现有资源的整合。①

20 世纪 80 年代后，美国企业孵化器朝着多元化方向发展，尤其是出现了以推进高新科技成果产业化、培育科技型中小企业的科技类专业孵化器，这成为企业孵化器发展进程中的新形态，也是孵化器适应新时期产业分工日益细化的必然结果。当然，尽管此类专业型孵化器在美国快速发展，但就美国整体情况而言，专业技术类的孵化器并没有成为美国主导地位的企业孵化器类型。因为孵化器不是美国科技成果熟化转化的主要机构，美国科技成果熟化转化主要由联邦科研机构内技术转移办公室、高校技术转移办公室、国家技术服务机构、市场化营利性技术服务平台来主导。美国的企业孵化器仍以综合型为主，特定技术领域孵化的孵化器比重依然很低。从整体发展情况看，美国首先看中的是企业孵化器的孵化企业功能，特别强调在创造就业岗位和推动区域经济方面的功能，而非科技成果熟化和转化。

（二）美国企业孵化器对中国的影响

可能也正是因为美国企业孵化器，特别是专业技术领域的孵化器目前都不是美国企业孵化器的主流，国内学界和业界在美国看到的标杆孵化器极少是孵化高新技术企业（产业）的孵

① LAMINE W，MIAN S，ALAIN F，et al. Technology Business Incubation Mechanisms and Sustainable Regional Development ［J］. Journal of Technology Transfer，2018，43（5）：3.

化器。由于学界、业界和政界，在孵化器的理论和实践中都受美国孵化器发展的影响，甚至以美国经验、美国模式作为引导我国科技企业孵化器发展的标准，导致专业技术领域孵化器的研究和实践在前期未得到应有的重视。

（三）企业孵化器与科技企业孵化器的异同

实际上，科技企业孵化器是企业孵化器发展到一定阶段后出现的一种专业化类型，这个概念的内涵与美国主流的孵化器概念是不同的。两者之间的关系具有传承性、差异性和共存性等特征。①

传承性，是指科技企业孵化器同样具有企业孵化器的服务初创企业发展、提振区域经济、增加就业等方面的任务和功能，同样面临处理好政府与市场、公益性与营利性等方面的问题，特别是同样要熟悉和尊重企业发展规律和市场规律，做好企业孵化工作。可以说，企业孵化器的基本特征构成了科技企业孵化器特征的重要组成部分。

差异性，是指科技企业孵化器产生与发展的历史背景是世界进入了高技术产业化蓬勃发展的时代，高技术企业创业较之一般企业创业更多了一份技术转化能否成功、科技人员向企业家转型能否成功等风险，即必然面临跨越"达尔文之海"的难题，内在地要求面向科技创业的企业孵化器还需要熟悉和尊重

---

① 赵云波，邓婧. 科技企业孵化器与企业孵化器的联系与区别：基于时空背景转换的分析及启示 [J]. 自然辩证法通讯，2018，40（3）：87-94.

科技发展规律、科技成果转化规律，以及将科技系统与市场系统有机结合的能力。同时还需要看到，科技企业孵化器的出现，并不意味着企业孵化器就被时代所淘汰，也不意味着科技企业孵化器天然地就能继承好企业孵化器积淀的建设经验。同样，尽管科技企业孵化器是企业孵化器的多种类型中的一种，但也并不代表建好企业孵化器就自然而然地能够将科技企业孵化器建好。

共存性，是指在一般情况下，它们可以在同一国家或地区同时存在，但在不同的国家和区域又各有侧重，这与所在国家或区域的科技、经济发展水平、产业发展政策等紧密相关。比如，在发达国家，产业水平基本在世界前端，某一项或几项高新技术产业化不足以对其产业体系带来整体上的革命性的转型升级，相较而言，更加注重的是企业孵化器在实现充分就业、社会稳定等方面的功能；在发展中国家，产业发展水平大多在世界产业链的中低端，亟须转型升级，依靠的是全要素生产率提高和技术进步，需要大批科技型企业涌现，因此，要将服务科技创业作为孵化工作的重心。

（四）科技企业孵化器的内涵

综合国内外对企业孵化器的理解，本书研究的科技企业孵化器①，其功能定位于促进科技成果转化、培育高新技术企业、孵化高新技术产业和培养企业家，而不是一般的就业型创业、商业模式的创业或传统企业的孵化，其价值是连接知识源头和高新技术产品产业化的桥梁，是提高科技自主创新能力的关键环节，是促进创新成果产业化的重要载体，是促进科技型中小企业发展的强大支撑力量，是国家科技创新体系重要的组成部分，是区域创新体系的核心内容。

二、研究范畴

虽然科技创新已逐步从技术维度的单一创新转向"新技术、新产业、新业态、新模式"的集成创新，但在上述"四新"中，相比基于现有产业升级的"新业态"和"新模式"，"新技术"和"新产业"能够提供更多的科学技术应用机会并反哺科学技术，推动产业和科技进步，其创新"含金量"要更高。相较之下，"新业态"和"新模式"更容易从市场本身中

① 科技部的定义：科技企业孵化器是培育和扶持高新技术中小企业的服务机构，通过为新办的科技型中小企业提供物理空间和基础设施，提供一系列的服务支持，降低创业者的创业风险和创业成本，提高创业成功率，促进科技成果转化，帮助和支持科技型中小企业成长与发展，培养成功的企业和企业家。科技部的这个解释，尽管文字不长，但定义科学、涵义深刻且富有中国特色。本书的科技企业孵化器是在科技部定义的基础上，从企业孵化延伸到产业孵化的全链条环节。

获得资源。

因此，本书所指的孵化器高质量发展特指新技术、新产业的硬科技孵化，不包括新模式、新业态的孵化器，希望以此引导改变以往重模式创新而轻技术创新的现状，引导人们（资本）关注那些真正能够推动技术和经济发展，需要长期研发投入和持续积累的关键核心原创技术，从而凝集全社会的力量去掌握经济底层的原动力，支撑新时期的科技和经济发展实现由跟跑向领跑迈进的目标。

本书研究的高质量孵化器的目标是科技成果转化、培育高新技术企业、孵化高新技术产业和培养企业家，回归科技企业孵化器的目标初衷，而达至这个目标的中间状态则是专业技术孵化器，或者说专业技术孵化器是孵化器高质量发展的起点。因此，专业技术孵化器自然而然被纳入本书的研究范畴。

三、简要文献综述

目前关于科技企业孵化器的理论研究，大多数散见在一般不分类别的孵化器研究文献中，主要议题包括孵化器为什么存在（价值）、孵化过程、孵化模式（商业模式、运营模式等）、孵化网络、孵化机理及孵化绩效等方面，但几乎所有的研究都把科技企业孵化器和一般的以普通就业创业、商业模式或传统企业孵化为目标的孵化器混同。更多研究局限在孵化器载体本身，即对其经营模式、如何开展工作等具体实践提出指导性意见，关于科技企业孵化器转型升级以实现高质量发展的系统化研究很少见，已经见到的不少文献把孵化器运营的不同形态（如孵化器 1.0~4.0 阶段等）、孵化投入或孵化手段（如资本化、国际化、虚拟化、网络化等）等同为孵化器升级和孵化器的高质量发展，忽略了科技企业孵化器的本质任务和最终目标——科技成果转化、培育高新技术企业、孵化高新技术产业和培养企业家，混淆了孵化器形态、孵化手段和孵化目的等范畴。

至少三个问题的研究未根本解决：一是何谓高质量的科技企业孵化器？二是高质量科技企业孵化器应该具备哪些特征？三是科技企业孵化器高质量的一般路径是什么？

本书的研究则尝试回答这三个问题。

第三节　理论贡献和未来的研究方向

一、理论贡献

第一，丰富了科技企业孵化器相关理论的研究，为科技企业孵化器高质量发展提供了比较全面的理论解释。本书从孵化器高质量发展的内涵出发，构思出科技企业孵化器高质量发展的理论维度，然后通过基于扎根理论的多案例对比研究方法，自下而上再构建科技企业高质量发展理论，通过理论构建和再构建的相互印证，提出科技企业孵化器高质量发展的逻辑框架，为当下的科技企业孵化器高质量发展目标、方向和路径提供理论指导。

第二，对科技企业孵化器"高质量发展"做比较系统的学理解释，为统一理论界对孵化器高质量发展的不同理解提供参考。同时，深化业界对孵化器高质量发展的内涵和内核的认知，纠正业界把孵化器的高质量投入当成孵化器高质量发展的片面看法。

本书基于扎根理论的多案例研究对科技企业孵化器高质量发展的路径进行探索性研究，虽然样本局限于一地，但采集的数据真实反映了案例孵化器高质量发展的实际，所有的分析研究深深扎根于案例的一手二手资料，本书提出的科技企业孵化器高质量发展的理论构思（假设）在案例范围内得到实践的支持。

总之，本书的研究厘清了科技企业孵化器高质量发展的内涵和内核，以及实现高质量发展的途径，为政府（政策）、孵化器经营管理者（管理实践）与学者（理论研究）之间的对话提供素材。

二、未来的研究方向

未来研究可以从如下几方面展开。

第一，基于扎根理论的多案例分析得出的结论，可以进一步通过实证数据进行验证分析，或运用系统动力学等动态仿真方法，对研究结论的有效性进行检验和扩展，进一步充实本文研究成果。

第二，扩大案例样本数量、地域范围和孵化器类型，采集更多不同发展阶段、不同地域、不同类型的科技企业孵化器及在孵企业的原始数据资料，在此基础上对比不同发展阶段、不同地域、不同类型的科技企业孵化器高质量发展路径，并与本书概括的路径对比，以期找到更具有一般意义上的科技企业孵化器高质量发展路径。

第二章

广州科技企业孵化器高质量发展的基础[①]

第一节　广州企业孵化器发展简况

一、发展简史

中国的第一家孵化器——武汉东湖新技术创业中心诞生于1987年，一直到2014年，我国孵化器的发展一直不瘟不火，但在"大众创业、万众创新"的浪潮开始奔涌以后，各类孵化器进入了雨后春笋般的生长期。广州作为我国孵化器布局的重镇，自1991年广州市第一家孵化器，同时也是广东省、华南地区第一家孵化器——广州市高新技术创业服务中心成立以来，广州科技企业孵化器的发展状况也跟全国大体相同，大致分为以下

① 本章的数据资料来自广州科技企业孵化协会相关年度工作总结报告，并经广州科技企业孵化协会核实，并非官方统计数据。同样，本章的内容和观点属于学术研究，如有不同研究角度和看法，欢迎联系作者讨论以进一步修改完善。

三个阶段。

第一阶段：简单孵化服务阶段（1991—1999 年）

1991 年，广州市响应中国高新技术产业发展计划——火炬计划的号召，成立了广州市高新技术创业服务中心，拉开了广州科技企业孵化器建设事业的序幕。1991 年到 1999 年广州科技企业孵化器以城市为依托，初步营造了局部优化环境，并在单一模式综合型孵化器的基础上，探索出了面向特定专业技术领域和特定创业者群体的多种新型孵化器组织形式。这个时期，在原国家科委（现科技部）"服务为主、开发为辅"的方针指导下，广州科技企业孵化器主要由政府投入大量资金，同时辅助特殊的扶植政策。孵化器主要依靠房屋租金和较少的开发收益维持正常运转，重社会效益、轻自身经济效益成为这一时期孵化器的主要特点。

这一阶段广州科技企业孵化器开始探索发展，主要是提供空间和场地，服务主要包括办公条件服务、信息与咨询服务、人才培训服务、社会联系服务、生活服务等，总体上孵化服务比较简单。

第二阶段：创新孵化服务多元化阶段（2000—2013 年）

伴随着国家对"科技企业孵化基地""孵化器"的愈加重视，广东省、广州市、各区政府进一步加大了对孵化器的支持力度。与此同时，广州科技企业的高速增长，也为广州市科技企业孵化器的蓬勃发展提供了机遇。这个时期，广州科技企业孵化器事业逐渐实现体系化管理，2003 年，广州科技企业孵化协会的成立，为进一步推动科技企业孵化器的持续健康发展提供了组织化基础。随着孵化器内涵的不断丰富和发展，广州科技企业孵化器对科技企业和创业者提供了包括从创意、研发、开发、生产、销售以至企业咨询上市全过程所需的服务。

此外，为解决众多科技型中小企业融资难的困扰，各级政府设立孵化器专项资金，极大地提升了孵化器支持创新的成效。这些都助力了广州科技企业孵化器在形态上的百花齐放，在孵化质量和孵化绩效上的显著提高。

截至 2013 年年底，广州科技企业孵化器的数量达到 66 家，其中，国家级孵化器 13 家，省级孵化器 7 家，市级孵化器 17 家；孵化面积 410 万平方米；孵化企业数量 4869 家；孵化企业提供就业岗位 5.1 万个，平均每家孵化器创造社会就业机会 773 个。

第三阶段：创新孵化服务生态化网络化阶段（2014 年至今）

2014 年起，为顺应国家创新驱动发展趋势，响应"积极发展各类科技孵化器"和"大众创业、万众创新"的号召，创新创业之风刮遍大江南北。国家政策持续扶持，地方政府层层跟进，广东省、市、区政府高度重视孵化器建设，相继出台了一系列扶持政策，进一步营造出全社会创新创业氛围，激发各类社会主体的创新创业活力，广州的科技企业孵化器数量爆发式增长，质量也得到进一步提升。

截至 2022 年年底，全市纳入登记备案的孵化器 427 家。全市国家级孵化器 63 家、省级孵化器 38 家，市级认定孵化器 66 家，孵化总面积超 800 万平方米。孵化器、众创空间等社区单元融合发展，形成创新文化植入社区，打造区域创新创业生态系统，达成有限的孵化场地和面积影响到更广义空间的效果。同时，由于孵化器网络化发展迅速，即使孵化器个体自身资源和能力有限，但通过网络化系统配置孵化资源，依然可以提高自身孵化服务能力。2020 年后，受新冠疫情等因素的冲击，虽然广州的科技企业孵化器市场连续疲软，但孵化器的发展由以前的数量增加转向强调发展质量的提升，更加强调创新生态化和网络化建设，注重孵化器的提质增效、转型升级高质量发展。

二、发展成效的基本数据

一是孵化器培育成果突出。2022 年度，广州市在孵企业数近 10954 家，其中，留学人员创业企业 524 家，大学生科技企业 1055 家，高新技术企业 341 家，科技型中小企业 928 家，全市在孵企业总收入 434.37 亿元。在孵企业从业人员 117794 人，其中，大专以上人员 102113 人，占从业人员总数的 86.69%，引入留学人员 1395 人，吸纳应届大学毕业生 12323 人。2022 年，全市新认定（复核）的高新技术企业数量 4568 家，其中，入驻在孵化载体的新高新技术企业有 987 家，占比达 21.61%。国家级孵化器更是发挥了优秀的孵化能力，全市 49 家国家级孵化器共有新认定的高新技术企业 462 家，占年度新认定的高新技术企业总数的 10.11%。广州独角兽创新企业 2022 年共 23 家，其中，在孵化载体的有 6 家，占比达 26.09%；广州未来独角兽创新企业 82 家，其中，在孵化载体的有 29 家，占比达 35.37%；广州高精尖企业 50 家，其中，在孵化载体的有 19 家，占比达 38%；广州种子独角兽企业 51 家，其中，在孵化载体的有 21 家，占比达 41.18%。

二是孵化器的专业化程度不断提高。2022 年，从孵化器聚焦的产业类别来看，虽然全市孵化器仍以综合型为主，占 67.16%，专业孵化器占 32.84%，但在市场快速扩张后，孵化器的所有者和经营管理者意识到专业化是企业孵化器转型高质量发展的必然选择，纷纷与广州市战略性新兴产业和优势产业紧密结合，在新一代信息技术、生物医药、先进制造、文化创意、新材料、农业技术等领域涌现了一大批专业化孵化器，为各类初创企业提供专业优质的创业生态。全市 63 家国家级孵化器中，专业孵化器有 48 家，占比达 76.19%。近 4 年全市获认定的国家级孵化器共 39 家，其中，专业孵化器 34 家，占比达 87.18%。目前，有 105 家孵化器搭建了专业实验室、工程技术研究中心等技术平台，同时也有更多孵化器提供仪器设备共享，或与企业建设一对一技术平台。全市科技企业孵化器专业技术领域不断聚焦，专业化程度不断提高。

第二节 发展特征

一、市场有效主导

在广州的企业孵化器产业发展中，市场起到最基本的作用，主要体现在两方面。

一是孵化器领域社会资本活跃度高。从孵化器投入来源看，广州市科技企业孵化器的发展处于由政府单一投资建立的社会公益性孵化器扩展到政府、大学、研发机构、企业、投资机构独立或合作建设的社会公益性、非营利性或营利性孵化器共存的多元发展时期。从孵化器资源转化来看，已由单独依靠科技资源转化向依托科技资源与产业资源优化重组相结合的方式转变。从孵化机构参与性来看，已由只建立单纯的孵化机构向建立以孵化器为核心，以网络为手段、吸引创业资本、相关中介服务机构和研发机构共同参与的科技创新孵育体系过渡。

二是纯粹营利性的民营孵化器发展比较成熟。

珠江三角洲民营经济比较发达，随着市场经济的发展和孵化器产业的逐渐成熟，孵化器投资主体趋于多元化，纯粹营利性的企业孵化器大量涌现。这类孵化器的主要特点体现在①：一是具有多元的投资主体。孵化器的投资主体由单一的政府、大学、科研机构、国有企业转向民营企业、民间资本、民间机构投资并举的模式。这些投资主体可以单独进行投资，也可以联合进行投资。按照其投资额占有一定的股份比例，孵化器具有明晰的产权结构。二是完全按照企业方式经营运作。即孵化器在营运机制上建立现代企业制度，以各投资主体的投入作为营运资本，自负盈亏；以资本的保值增值为经营目标，实现产权明晰、责权分明、政企分开、管理科学，使孵化器本身成为真正的市场主体。此类孵化器在选择孵化对象时不仅关注其技术水平，往往注重技术与市场的并重，选择可以市场化、并具有较好的发展前景的技术项目和新兴企业进行孵化。三是利益最大化是其营运的主要目标。此类企业孵化器的功能由传统的公益性组织转变为营利性的经济组织，孵化器努力通过为入孵企业提供场地、设施和增值服务等来获得相应的回报利润。从这个意义上说，此类孵化器是一个完整意义上的企业，追求公司利润最大化，是一种高度市场化的孵化模式。由于采用市场化的营运模式，这种孵化器在业务结构上一般比较完善，可以为入孵企业提供多方位、专业化的服务体系，全方位培育新兴企业。

---

① 李岱松，王瑞丹，马欣. 孵化器产业特征及我国孵化器营运模式探析 [J]. 科研管理，2005（3）：8-11，134.

此外，从这类孵化器的发展历程看，一般与风险投资的结合较为密切。企业孵化器和风险投资都是创业企业的成功要素，由于具有天然的联结优势，孵化器投资者对于被孵化企业的经营状况具有更加深入的了解，更愿意选择某些重点企业进行种子期的风险投资或者与专业风险投资公司联合投资，这不仅能够加速孵化企业的成长，而且孵化器还可以赢得较高的投资回报。

二、有为政府精准支持

理论界公认科技企业孵化市场具有正的外溢效应和较高的风险，存在一定程度的市场失灵，需要政府适度干预。各级政府在这个市场中，坚持市场配置资源的基础性作用，发挥有为政府在孵化服务市场中的职能，有效地支持了科技企业孵化器产业的发展。

第一，广州的政策支撑体系根据孵化器的可持续发展需求和实际发展情况不断进行调整，孵化器扶持政策转变为以"专业化、资本化、国际化、品牌化"发展为目标，遵循孵化器市场化发展的客观规律。第二，在对孵化器进行分类指导的基础上，实施精准服务，协助孵化器不断完善科技创新创业的孵化育成体系，共同推进全市孵化器提质增效。第三，新政策不断加强与国家和省的相关文件兼容性，规范孵化器管理机制以及绩效评价机制，加大孵化绩效占比，推动广州市孵化器由"扩量"到"提质"转变，引导孵化器围绕科技企业发展需求，按照"专业化、资本化、国际化、品牌化"发展理念，实现高质量、可持续发展，为老城市实现新活力、加快建设科技创新强市提供了坚强有力的支撑。

此外，结合广州孵化器发展情况，创新开展"区级—市级—省级—国家级"的多层次孵化体系培育，遴选具备培育潜质的优质孵化器，开展重点培育和精准辅导，推动孵化器高质量发展。通过开展国家、省、自治区、直辖市四个层级的年度孵化器考核评价，在全市孵化器中树标杆、立榜样、找差距、查不足，并且构建"国家—省—市—区"四级联动机制，根据国家、省扶持政策，配套认定和绩效奖励资金，鼓励各区出台相应的扶持政策，加大对区域内的孵化器支持力度，激发各区的能动力，引导孵化器形成"你追我赶，相互超越"的良好局面，推动孵化器健康可持续发展。

三、孵化器根植性突出

企业孵化器的根植性主要表现在三方面。

一是充分发挥当地科技资源支撑作用，利用当地的科技资源进行孵化。广州市支持高校、科研院所发挥科技创新资源优势，建设创新创业孵化器，吸引更多科技人才创办企业，引导更多科技成果实现市场化的转化，推动技术平台融入孵化器建设，帮助创新企业对接更多的专业实验室、工程技术研究中心、企业技术中心等专业平台，转化为现实生产力，加快形成"技术平台+孵化"的协同发展机制，提升技术平台支撑创新创业的质量与效率。

二是孵化器与研发机构深度融合发展。随着科技成果转化体制机制的不断创新和创业理念深入人心，科研人员对科研成果的追求也不再停留在研究层面，更多地开始考虑和产业相结合，新型研发机构由于体制更加灵活，同时贯通基础研究、应用开发、产业化、企业孵化等各环节，具有极强的产业带动力，因此得到地方政府的普遍重视。

三是把孵化器建设融入城市更新改造中，达到"器城一体"。广州市扎实推进创新创业与城市更新改造相结合，既保留城市文化记忆、美化城市环境，又优化创新创业空间、优化创新环境，推动广州实现老城市新活力。先行先试推行的"村改创"模式，通过推进村级工业园、物流园、村社集体物业采取全面改造、原状整饰、局部拆建等方式，转型升级打造孵化器和众创空间等创新载体。

四、专业化发展成效初现

近年来，孵化器发展从载体建设向企业培育转变、从企业集聚向产业培育转变，明确产业支撑目标，抓住前沿技术产业孕育突破的"窗口期"，形成一批能够支撑主导产业发展和抢占前沿技术发展先机的孵化平台，在专业技术和产业孵化方面取得了显著成效。

一是专业技术孵化器发展迅速。绝大多数的专业技术孵化器紧密围绕广州市重点优势产业，如新一代信息技术、人工智能、生物医药以及新能源、新材料产业，聚焦产业垂直领域，不断引导建设专业孵化器，推动孵化器从企业孵化向产业孵化升级、从企业集聚向产业集群发展。2022 年，平均每家综合孵化器入驻企业 53 家，其中，在孵企业约 30 家；平均每家专业孵化器入驻企业数约 57 家，其中，在孵企业约 37 家，均高于综合孵化器。2022 年，全市新增在孵企业 3294 家，其中，综合孵化器新增 1985 家，平均每家孵化器新增约 8.74 家；专业孵化器新增 1309 家，平均每家孵化器新增约 11.79 家，比综合孵化器高 34.89%。

二是专业技术孵化器成效显著。从收入和纳税情况来看，据 2022 年火炬统计数据，全市孵化器使用总面积达 525.87 万平方米，其中，综合孵化器面积合计为 338.46 万平方米，占比为 64.36%；专业孵化器面积合计为 187.4 平方米，占比为 35.64%。全市孵化器总产值为 480.75 亿元，其中，综合孵化器总产值合计达 289.31 亿元，占比为 60.18%；专业孵化器总产值合计达 191.44 亿元，占比为 39.82%。全市孵化器总纳税额为 3.09 亿元（此数据仅为孵化器运营机构，未包含在孵企业的纳税额），其中，综合孵化器纳税额为 1.69 亿元，占比为 54.69%；专业孵化器纳税额为 1.4 亿元，占比为 45.31%。根据上述数据计算分析，专业孵化器单位面积产值为每平方米 10215.56 元，比综合孵化器的每平方米 8547.52 元高 19.51%，专业孵化器单位面积纳税额约为每平方米 74.81 元，比综合孵化器的每平方米 49.86 元高 50.04%。

从在孵企业盈利能力来看，2022 年，综合孵化器在孵企业收入为 261.01 亿元，平均每家企业收入为 381.21 万元；专业孵化器在孵企业收入为 173.35 亿元，比综合孵化器低 33.58%，平均每家企业收入为 422.09 万元，比综合孵化器高 10.72%。专业孵化器平均每家在孵企业当年知识产权申请数 1.6 件，比综合孵化器的 1.24 件高 29.03%；平均每家当年知识产权授权数约为 1 件，比综合孵化器的 0.66 件高 51.51%；平均每家拥有有效知识产权数约为 5.12 件，比综合孵化器的 3.8 件高 34.74%。

2022 年度，全市当年毕业企业 1440 家，其中，综合孵化器当年毕业企业 885 家，占比 61.46%；专业孵化器当年毕业企业 555 家，占比 38.54%。平均每家专业孵化器当年毕业 5 家，比综合孵化器的 3.9 家高 28.21%。

三是专业技术孵化器具有较强的孵化资源动员能力。广州市的专业技术孵化器主要依靠龙头企业、科研院所建设，在技术、人才、信息等方面给予专业性的服务支撑，同时具有雄厚资金、产业资源等优势，促进在孵企业快速成长。从获得投融资角度来看，专业孵化器在孵企业备受社会资本的青睐，2022 年，综合孵化器在孵企业当年获得投融资总额 41.59 亿元，平均每家获得 60.75 万元；专业孵化器的在孵企业当年获得投融资总额 30.68 亿元，平均每家获得 74.71 万元，比综合孵化器高 22.98%。从在孵企业的研发资源来看，综合孵化器在孵企业 R&D 经费投入强度为 11.62%，专业孵化器在孵企业 R&D 经费投入强度为 13.21%，比综合孵化器高 1.59 个百分点。专业孵化器的在孵企业的科创属性更高，盈利能力更好，市场竞争力更强，因此更受金融机构的青睐。

五、市场资本介入程度较高

资本支持对于中小微科技企业发展具有关键作用，但"融资难""融资贵"的问题也一直是企业发展的"拦路虎"。这正是孵化器实现可持续发展需要突破的关键。广州的孵化器通过成立孵化基金等方式，对在孵企业开展"陪伴式"孵化的模式正越来越成熟。孵化服务和市场化投资并行，孵化器在企业发展早期给予投资，既能为企业的成长保驾护航，也能在企业发展壮大后享有收益。

另外，市场资本，特别是风险投资在广州孵化器的成功运作中占据了重要地位。风险投资和孵化器这两种商业模式在商业对象、运行方式等方面具有很多相似之处。这两种商业模式一旦结合，共同创造的效能会大于两者独立运行时产生的经济效益。一方面，孵化器是风险投资理想的投资场所，孵化器对入孵企业的选择和孵化服务的提供，可以降低新创企业的风险，风险投资通过企业孵化器进行风险投资，可以在一定程度上将"远程投资"转变为"近程投资"，降低投资风险。而且，孵化器可以充当风险投资和新创企业之间的媒介，提供双方所需的有用信息。另一方面，风险投资为新创企业提供了发展所必需的资金，种子资本、初创资本、创业资本和发展资本等形式的资金投入覆盖和支撑了新创企业建立和发展的全过程。这不仅使孵化器具有了独立的投资功能，而且大大提高了孵化器组织资源的能力。

第三节　妨碍高质量发展的几个突出问题

一、孵化器场地不稳定现象突出

截至 2022 年年底，广州孵化器的孵化场地中，属于自有物业的只占 19%，81% 的孵化器都是租赁物业，且租赁场地中，使用期 5 年以下的占比达 29%，众创空间的场地使用期限 5 年以下的占比更高，达到 56%。经过了几年的发展，这部分孵化器租约陆续到期，孵化场地都面临续租的问题。孵化器又往往由于租金上涨、场地性质变动、体量缩减、续租程序复杂等导致续租困难，原孵化场地无法运营，出现较多载体变更场地，甚至注销登记的情况。在变更程序上，国家级、省级、市级认定的孵化器对于场地变更属于重大变更项目，变更材料和流程基本与新认定评审相差不大，部分孵化器在变更后不一定能满足条件，因此导致孵化器面临两难的情况。在未能续约又达不到变更条件的情况下，孵化器为了保持资质，存在瞒报的情况，对孵化器的管理，存在实际孵化场地与备案场地信息不一的问题。

按照产权理论，孵化器行为受租赁场地产权的制约，租赁的短期性明显导致孵化器行为短期化，然而，对创新创业的孵化而言，行为的长期稳定和持续性则是提高孵化成功率的重要前提，很明显，租赁场地举办的孵化器场所的不稳定不利于稳定孵化器预期，导致孵化器更趋向于选择"短平快"且技术含量低的项目孵化。

二、硬科技孵化能力不足

由孵化器场地产权决定的很多孵化器轻资产化程度高，硬科技孵化能力不足。建设创业孵化器的最终目标在于培育新的产业业态和经济增长点，其发展模式和定位应充分结合所在城市和地区的产业基础及要素禀赋。轻资产化的孵化器建设注重运营模式的选择而忽略技术领域的选择，导致不能契合广州市产业发展的战略定位，硬科技孵化能力不足，脱实向、虚倾向比较突出。目前，全市孵化器不少是聚焦互联网服务、电商、商事服务、教育服务、游戏软件开发、文化创意等轻资产领域（很多名曰"电子信息产业"，但不少挂名电子信息专业的孵化器主要是消费类的软件信息和服务业）与本地战略性新兴产业对接深度不够，极少孵化器有能力参与到国家硬科技和卡脖子技术（比如，高端机床、高端工业软件和前沿新材料）的研发及产业化，缺少硬科技企业，缺乏面向本地主导产业垂直化细分专业技术领域创新的孵化器。

另外，多数孵化器专业技术孵化能力不足，没有明确的产业技术定位，主要提供工位、网络、会议室，缺少公共实验室、科研设备，导致入驻项目以互联网、信息、电商服务、游戏及其软件开发项目为主，呈现出简单集中而非思维聚合的特点，难以提升创业团队的创新裂变能力，无法吸引从事高成长性研发的团队入驻。

三、孵化功能不完整

拥有完善的科技服务配套体系和高水平的公共技术平台是弥补在孵企业自身研发能力不足、促进企业可持续发展的重要手段，也是一家优秀科技企业孵化器的核心支撑。广州市现行科技企业孵化器的孵化功能大多尚不完整，孵化服务缺乏核心竞争力，难以对科技型中小企业产生较强的吸引力，难以对不同经营业态、不同专业领域、不同发展阶段的企业提供创业孵化的差异化服务。科技企业孵化器较少围绕某一细分行业打造公共技术服务平台和提供专业化服务，在孵企业与具有强大行业影响力的龙头企业和产业技术前沿机构合作交流不足，加之适应全产业链孵化体系发展的配套中介服务、硬科技服务机构也未能形成有效集聚，实体的公共技术服务平台匮乏，运行效率较低，专业技术功能孵化不明显。孵化功能的不完整使目前广州市的科技企业孵化器尚未形成大规模的创新集聚效应。

四、特色化和专业化建设滞后

实践的发展证明，专业技术型企业孵化器较之通用型的企业孵化器发挥出了自身独特的竞争优势，具有更强的人才、技术、管理、市场等资源的整合能力和整合效率，孵化成功率高，投入产出比高。有利于吸引本专业范围内的优势项目，有利于聚集本专业领域内专家的优势力量，有利于形成本地区特色的产业集群，等等。从这个角度讲，缺少高质量的硬科技企业孵化器可能是广州在区域高端人才竞争与优质项目竞争中丧失竞争优势的一个主要原因。

虽然广州市专业化孵化器已涵盖新一代信息技术、人工智能、生物医药、新能源、新材料、文化创意、环保、生态农业等专业领域，但全市孵化器的专业化程度和专业技术服务亟待提高。一是专业化孵化器占比不高，全市专业孵化器占比不足30%。二是行业龙头企业建设孵化器的积极性不太高，围绕行业龙头企业产业共性需求和技术难点建设特色产业孵化器不太突出。三是公共技术平台服务能力不足，除了少数龙头企业和科研院所建立的专业孵化器外，其他专业孵化器缺乏技术支撑、技术人员支撑等，更多仅仅是简单提供实验器材、设备等给企业使用而已，专业化服务能力不足，没有明确的产业定位。四是极少孵化器有能力参与到国家高端科技或卡脖子技术的研发及产业化，面向本地主导产业垂直化细分专业技术领域创业孵化器屈指可数。从总体上看，广州市专业化孵化器即使名义上是专业技术孵化器，但在特色孵化、专业化产业技术孵化建设能力方面明显滞后，部分孵化器虽在发展战略上明确了一定的产业技术发展导向，但尚未配置足够资源投入建设耗资较大的专业技术检测、实验平台和中试平台，不能够为在孵企业提供专业技术功能的增值服务，难以形成创新型的硬科技在孵企业集群。

五、服务低端化、同质化普遍

一方面，孵化企业总体低端化严重。截至 2022 年年底，广州市科技企业孵化器已达到 427 家，而且数量还在逐年增加。这也导致孵化器之间的竞争日益加剧，抢资源、争政策现象普遍存在。为了生存和利益最大化，大多数孵化器通过降低入孵"门槛"增加入驻率和租金收入，以覆盖其成本，对项目缺乏严谨的筛选评价机制，特别是综合孵化器，传统企业和商业模式创新类企业居多，硬科技企业偏少，导致在孵企业质量参差不齐、科技含量低，培育高企难度大。

另一方面，低端孵化服务同质化比较突出。据 2022 年度统计数据，广州市科技企业创新孵化器提供的服务大同小异，主要集中在场地提供（81.2%）、创业培训（56.1%）、基础管理业务辅助（42.9%）等，而未能满足创业者更需要的服务如融资服务（65.5%）、市场营销辅助（48.6%）、创业计划辅导（42.1%）等，有关企业法律、企业管理、风险控制、成本控制等专业的服务内容更加欠缺。不可否认，广州市尚有相当数量的科技企业孵化器停留在初级阶段，仅能提供物业出租、工商注册、政府协调、会计、法律等一般服务，而不能提供如创新要素整合、供应链资源、人才和技术支撑、创业投资等增值服务，其运营结构趋同，商业模式不健全、盈利模式单一。

创业导师和中介机构服务是孵化器的重要服务，对孵化资源不足的孵化器来说，借助外力是唯一选择。事实上，为了敷衍考核需要，大多数孵化器都建立了创业导师制度，与中介机构做了形式上的服务约定，但导师挂在墙上、中介装在档案里，成了多数孵化器应对考核的法宝。

六、创新效率不匹配

在前期各级财政资金的引导和支持下，广州科技企业孵化器实现了快速的规模化发展。但从成效来看，孵化器的创新效率与其规模化发展程度不相匹配，尤其是科研创新效率较低的问题较为突出，新增孵化器中，硬科技企业孵化器极少，基本无硬科技孵化能力。2022 年，全市统计的 338 家孵化器中，在孵企业当年申请知识产权数 15076 件，同比下降了 11.36%。当年知识产权授权数 8639 件，同比减少了 1269 件。在孵企业拥有有效知识产权数 47065 件，同比下降了 8.13%。其中，有效发明专利数 4695 件，软件著作权 15073 件。在孵企业拥有的有效知识产权中，有效发明专利仅占 9.98%，其他多数是相对价值不高的非发明专利类的知识产权，有效发明专利中，可转化的专利不到 3%。另外，近几年宏观经济下行压力迫使一大批在孵企业暴露抗风险能力不足的问题，大量企业在孵化中期因技术不成熟、资金链断裂和经营管理不善等问题被迫退出孵化。

第三章

科技企业孵化器高质量发展解读

高质量的科技孵化器是前瞻性布局未来产业、开辟新领域新赛道、塑造新动能新优势的关键抓手，在产业创新生态体系中处于重要的枢纽地位，对于加快实施创新驱动发展战略，营造有利于高端技术创新创业和高新技术中小微企业成长的良好环境，推动创新链、产业链、资金链、人才链深度融合具有无可替代的作用。

第一节　京沪高质量科技企业孵化器建设实践

一、北京的标杆孵化器

根据《北京市科学技术委员会、中关村科技园区管理委员会等 5 部门关于印发〈标杆孵化器培育行动方案（2022—2025

年)〉的通知》，北京市的标杆孵化器是由国际一流孵化人才牵头建设，重点聚焦高精尖产业和未来产业，具有先进的孵化模式、突出的市场化、专业化、国际化服务能力，能够高效整合融通创新链、产业链、资金链、人才链，促进前沿科技成果转化和硬科技创业，带动高端创新资源和产业要素集聚，示范引领孵化行业升级发展的高水平创业服务机构。

二、上海的高质量孵化器

2023 年 6 月，上海市人民政府办公厅印发的《上海市高质量孵化器培育实施方案》明确了高质量孵化器是以全球一流孵化人才为核心牵引，具备硬科技创新策源、颠覆性科技成果转化、高成长科技企业孵化和全要素资源整合能力的高水平创新创业服务机构。目的是通过加快培育一批产业领域聚焦、专业能力凸显、示范效应明显的高质量孵化器，带动全市孵化器从基础服务向精准服务、从集聚企业向孕育产业、从孵化链条向厚植生态转变，引领创新创业高质量发展。《上海市高质量孵化器培育实施方案》中的高质量孵化器具备以下条件：（1）聚焦上海市现代化产业体系的创新发展前沿方向和重大需求，特色鲜明，专业化程度高。（2）孵化领军人物长期从事孵化相关领域工作，熟悉所在领域技术创新特点、产业化规律、投融资情况，且具有较高的行业影响力和号召力。（3）拥有专业化的孵化服务与管理运营团队，具备技术和产业敏锐度，擅长企业经营和市场拓展。孵化器发展模式和战略清晰合理，在人才培养、团队激励等方面，模式先进、机制灵活。（4）具有投资功能，可实施孵投联动；与各级各类政府母基金合作，共同出资设立早期硬科技投资基金，具备自我造血和可持续发展的基础。（5）具备发现、筛选一批前沿性、颠覆性、卡脖子、关键核心技术和人才的能力，能提供专业化、品牌化、国际化的孵化服务，在孵化培育创新型科技企业方面已取得一定的成效并获得了一些经验。

三、对京沪高质量孵化器的描述

通过综合分析，无论是北京市的标杆孵化器还是上海的高质量孵化器，相较于一般的科技孵化器，以下特征更为明显：更专业的建设主体，以一流孵化人才为牵引，引导科技领军企业、知名高校（大学科技园）、科研院所、顶尖投资机构等开展建设；更聚焦"硬科技"孵化，围绕现代化产业体系，关注前沿技术、未来产业，支撑颠覆性科技成果的率先转化和硬科技企业的加速孵化；创新要素资源更集聚，通过创新链、产业链、资金链和人才链的多链协同、融合发展，实现"科技—产业—金融"的良性互动；更具国际视野和理念，融汇国际高端资源，拓展全球创新合作网络，实现"走出去""引进来"双向融通。

具体而言，无论是北京市的标杆孵化器还是上海的高质量孵化器均要求具备如下条件。

与高水平科技智库合作，跟踪对接各类基础研究创新计划，具有实现"超前发现""超前布局"和"超前孵化"新模式的能力。

与高校院所、龙头企业、投资机构合作，强化底层技术，突破颠覆性技术，具有未来产业孵化能力。

与各类市场化专业服务机构开展深度合作，链接"强"资源。

联动概念验证中心、中试基地、创新型应用场景等，拓展"硬服务"。

为科技企业提供知识产权增值服务，提升知识产权服务能级。

设立有早期硬科技投资种子基金或其他资本，围绕"硬核"技术、初创企业等开发创新金融产品和服务。

建立有早期硬科技项目（技术）发现、验证及孵化机制。

培育有"硬核"科技领军企业，聚集一批转化经验丰富的科学家、跨学科交叉人才、科技创投人才、知名职业经理人、连续成功创业者及具有海外工作（含创业）背景的归国人才等人才。

四、本书高质量孵化器的定义

其实，何谓高质量孵化器，无论学界还是业界，目前均无统一的认识，不同的地方从不同的角度有不同的理解。

借鉴北京的标杆孵化器和上海的高质量孵化器的界定，从孵化投入和产出的高质量两方面，本书把高质量孵化器定义为以一流人才为核心牵引，聚焦高科技创新和高端科技成果转化，以科技企业和产业孵化为目标，具有整合孵化网络资源能力的创新创业服务机构。

第二节　科技企业孵化器高质量发展的内涵

一、高质量的投入

科技企业孵化器的投入主要由硬件投入（场地、设备、仪器等）和软件投入（孵化服务类型、数量和质量）组成。长期以来，特别是孵化器实业界把孵化器运营模式或孵化服务投入的所谓"升级"当成是孵化器升级和高质量发展的路径和目标。这个向高质量"升级"的版本是：第一阶段，孵化器发展初始模式即 1.0 时代，是以政府为主导，以提供物理空间"收租"为主的生存模式；第二阶段，孵化器发展 2.0 时代是以"租金+基本创业服务+产业集聚"为主的孵化器发展模式；第三阶段，孵化器发展 3.0 时代是以"租金+基础服务+投融资+产业集聚"为主的孵化器提升模式；第四阶段，孵化器 4.0 时代，主要是以"产业集聚+无偿创业服务+天使投资+以租转股"等为主的孵化服务投入角度的孵化器升级模式。

其实，这只是一种孵化服务（投入）的升级而不能说是孵化器的高质量发展，这两个概念不能混淆。① 这只是孵化服务组合的增加（升级）和孵化器投入孵化资源增量的增加（升级），实质是孵化器投入孵化资源的升级——投入的升级和投入的质量升级——投入的高质量，而不是孵化器的升级高质量发展——产出的高质量。

二、高质量的产出

科技企业孵化器的产出主要包括收入和一定数量的高质量企业。

孵化器收入主要由硬件投入产生的物业收入和服务投入产生的服务费用收入组成；② 科技企业孵化器运营机构的净收入包括科技企业孵化器所在地方政府的财政返还、物业收入、服务

---

① 站在理论研究的角度，"4.0"甚至 N.0 版孵化器应该具有六大特征：一是具有专业的孵化人才团队并"超前孵化"未来科技；二是具有专业的技术服务平台；三是具有专业的早期孵化基金，耐心孵化硬科技项目；四是具有专业的产品链、产业链、供应链服务；五是企业化、市场化发展，通过市场机制实现长期可持续；六是有动员和管理国际化资源服务能力。从这个特征来看，4.0 版的孵化器也是一种高质量的发展表现，但不是孵化器高质量发展本身。

② 目前绝大多数孵化器的收入概括起来主要有物业租金收入、综合（中介）服务收入、政府补助、股权收益四种。物业租金收入和综合服务收入是大部分孵化器主要的收入来源，也是孵化器日常运营费用的主要来源；不少孵化器主要靠政府，申请政府各种项目补助构成孵化器最重要的日常工作和主要收入来源，离开政府补助就到了难以生存的地步；股权收入是孵化器获得市场认可的重要标志，在少数孵化器中得到实现，但仍不是主流。

收入减去科技企业孵化器的投入。高质量的孵化器需要通过构建或嵌入孵化网络，协同孵化网络资源，实现共孵、共创、共赢，从孵化网络中不同的利益诉求者那里获得收入，特别是孵化企业购买孵化器提供的各类孵化服务和持股孵化获得持续收入，实现孵化器收入来源的多元化，并能保证孵化器的自生能力。

一定数量的高质量企业主要是指孵化企业的特定的高新技术领域、专业化程度、技术水平、企业自生能力等因素。孵化的企业毕业后能够市场化、规模化、高效化的大企业及其产生的集群则是衡量孵化器高质量发展的一个重要外部因素。

其实，高质量的产出才是孵化器的高质量发展的内核。一方面，孵化器有高质量的收入是保证孵化器持续正常运营的前提；另一方面，能否成功孵化出一定数量的高质量的创新型企业，特别是专业化的高新技术企业及其产业则是孵化器高质量发展的最核心标志。

三、高质量的价值创造

高质量科技企业孵化器的核心是培育高质量的创新型企业和产业，孵化器的价值创造能力当然也成为孵化器高质量发展的一个重要方面。从价值创造的角度看，一个孵化器是否高质量发展，关键看它是否有能力创造如下几种价值。

（1）基于自身所拥有的核心资源为孵化企业提供了高品质

的、难以模仿的专业服务，形成了自身的核心竞争能力，为孵化企业创造价值。

（2）通过对孵化企业跟踪系统、专家网络、知识管理系统、投资者网络、企业家活动等服务将孵化企业与外部创新信息联结，实现了创新创业知识和信息的社会化、外化、整合和内化的过程，为入孵企业的创新提供价值。

（3）在孵企业能够通过孵化器减少交易中的机会主义和道德风险，降低孵化企业对外交易潜在的风险损失，减少在孵企业受到的机会主义伤害，从而为在孵企业创造增量价值。

（4）孵化器能够为在孵企业提供更多的资金获取渠道，让在孵企业更容易在创业早期取得资金上的优势，在长期平均成本持续下降的前提下，金融资本助力在孵企业率先扩大规模并提升质量，从而获得竞争中的先发优势，为企业创造价值。

只有当企业孵化器能够创造上述几种价值，孵化器才能迈上新台阶。与价值创造密切相关的是，孵化器通过为在孵企业创造价值来获得相应的回报，增加孵化器收入的来源。

四、高质量的商业模式

"商业模式"一词最早出现于 1957 年。商业模式设计对科技企业孵化器的高质量发展非常重要。商业模式至今还没有统一的定义，但大多数学者认为，商业模式是关于组织（企业）

如何盈利的陈述，或是技术输入转变为经济输出的过程描述①，强调的是组织（企业）的收入和产出。由于各地企业孵化器所处的背景、条件不同，因而高质量的科技企业孵化器没有统一的或固定不变的商业模式，每个孵化器可以根据内部和外部环境选择适合自身发展的商业模式，如北京、上海、广州、深圳、苏州等城市资源优势各有不同，高质量孵化器在不同城市或同一城市的不同孵化器的商业模式也会略有不同。

高质量的商业模式具有如下特征。

一是具备可持续性。可持续性是高质量商业模式最重要的特征。商业模式需要经过充分的市场分析和风险评估，保证能够长期稳定的盈利，以保证孵化器的可持续运营。同时，在市场变化快速的情况下，还需要灵活调整商业模式来适应市场变化和客户需求。

二是具备创新性。高质量的商业模式需要具备创新性特征，这种创新不仅体现在产品或服务方面，也体现在商业模式本身。持续竞争力商业模式能够发掘市场中的痛点和需求，探索更高效、更经济、更优质的商业模式。

三是具备核心竞争力。一个高质量的商业模式需要具备自己的核心竞争力，这样才能在激烈的市场竞争中立于不败之地。核心竞争力可能是技术、品牌、用户体验、成本控制等，但一

---

① WIKSTRÖM K, ARTTO K, KUJALA J, et al. Business Models in Project Business [J]. International Journal of Project Management, 2010 (28)：832-841.

定要明确、鲜明，并且能够持久发展。

四是具备适应性。高质量的商业模式需要具备适应性，并能够快速响应市场变化和客户需求的变化。商业模式中的各种要素应该灵活、互相配合，以适应不断变化的市场环境。

总之，高质量的商业模式需要具备可持续性、创新性、核心竞争力和适应性。这些特征都是商业模式成功的重要保障，只有能够同时满足这些特征，才能够在竞争激烈的市场中获得优势地位，保证孵化器获得持续稳定的能保证正常运营需要的收入才能实现高质量发展。

第三节　高质量科技企业孵化器核心特征

一、孵化资源高质化

实现孵化器高质量发展，就是做科技企业孵化器该做的事情，秉持创新的价值追求，着眼长远长效，精细化培育有潜力的高科技创新企业。相较于一般的科技孵化器，高质量孵化器孵化资源高质化特征更为明显：

一是具有更高端的建设主体。以一流孵化人才为牵引，引导科技领军企业、知名高校（大学科技园）、科研院所、顶尖投资机构等开展建设。

二是具有更高端的技术和项目来源。聚焦"硬科技"孵化，围绕现代化产业体系，关注前沿技术、未来产业，支撑颠覆性科技成果的率先转化和硬科技企业的加速孵化。

三是具有更高端更广的孵化资源。通过创新链、产业链、资金链和人才链的多链协同，实现高端孵化资源聚集、融合发展，实现"科技—产业—金融"的良性互动。

四是具有更多的国际化资源。以推动孵化器国际化为目标，融汇国际高端资源，拓展全球创新合作网络，实现"走出去""引进来"双向融通。

五是具有更多的资本化资源。孵化器资本化，将具有行业属性的资本机构引入孵化器，加上孵化器运营机构本身自带投资属性，能够解决大部分在孵企业的资金需求问题。

二、孵化领域专业化

专业技术型企业孵化器较之通用型的企业孵化器发挥出了自身独特的竞争优势，其专业化的创业设施、专业化的技术服务、专业化的经营管理和专业化的政策指导使其具有更强的人才、技术、管理、市场等资源的整合能力和整合效率，孵化成功率高，投入产出比高。专业孵化器不仅能够提供一个可通用的基础性技术平台，更多是作为一个资源的整合者，将政府、大学、科研机构、企业等机构的实验设备、科技数据、科技文献、科技成果、科技人才等资源链接起来，使各种社会资源形成互补与合作，提高整个社会资源的使用效率，同时也推动了"官、学、研、产"一体化模式的探索和尝试。

实践证明，企业孵化器的专业化发展模式已成为国际孵化器发展的重要趋势。从世界发达国家孵化器发展的历史来看，目前绝大多数的孵化器多数有明确的目标产业，即使是综合孵化器，也越来越多地把服务对象限定在某几个特定行业领域，这就是专业技术产业聚焦特征。

三、孵化企业关联化

专业技术孵化器通过搭建孵化平台，聚焦特定产业（技术）领域，为创新者、创业者与初创企业、中小企业嵌入产业链提供孵化育成服务，进而孕育或加速新兴产业成长成熟的过程。专业技术孵化作为产业链中的一个环节，必须深嵌产业链之中，而非游离于产业链之外。这就要求专业技术孵化平台势必在某一产业领域的某个或若干关键环节拥有相当竞争力的产业链资源，比如，工业设计、研究开发、中试和检测、原材料生产、零部件供应、定制生产、规模制造、市场营销、知识产权运营以及科技成果转移转化等，并且围绕这样的专业化平台，孵化关联技术企业和关联技术产业。

四、孵化运作企业化

科技企业孵化器市场化企业化是一个不可阻挡的趋势。[①] 孵化器本质上就应该是生产企业的企业，而非政府附属的组织。孵化器本身应具备多元化的投资来源、完善的治理结构、提供的服务和产品以及相对应的盈利模式等企业应具备的要素，应根据环境的变化不断调整自己的服务和管理来保证自身的正常运转。孵化器与入驻企业之间的关系严格遵循市场经济规律，按照市场原则规范化运作，使孵化器在挣取商业价值时更具竞争力。

目前面临的一个问题是，国有企业和事业单位性质科技创新孵化器资源吸收能力较强，可获得更多的政府资源，在非完全竞争市场中具有制度上的优势，民营孵化器处于竞争劣势。因此，必须以市场化机制调控孵化器发展，从孵化器的市场定位、战略管理、业务开展、投资决策、到产权归属及收益分配均以市场化机制运营，减少或放弃政府直接干预，孵化器自收自支，甚至盈利，努力形成自我良性发展循环，塑造公平竞争

---

① 由于孵化器本身的正的外部效应，公营公益型孵化器长期存在，但公益型的也要有盈利模式，营利型的也必然有显著的社会效益。可以预见的将来，地方政府、大学、社会组织等将会发起公益型企业孵化器，一些产业的龙头企业、创投等将会发起营利型孵化器，当然两类孵化器的角色在一定情况下可能转变，但从孵化器产业和市场化的角度，营利型孵化器数量将大幅增长，社会影响会更加明显。

的市场环境。

五、孵化人才高端化

能吸引到高端人才到孵化器进行科技成果转化和产业化是孵化器高质量发展的显著特征。随着科技的不断进步，高质量科技企业孵化器成了高端人才追捧的对象，也成了集聚高端人才、自主培养人才、塑造人才的平台。

第一，高质量科技企业孵化器具有非常强的研发实力或研发服务能力，专注于为客户提供创新的产品和服务。这些孵化器通常拥有先进的技术平台，专业的研发团队和丰富的行业经验，能够为客户（高端人才）提供全面的解决方案，从产品开发到市场营销。这些孵化器还通常具有高水平的客户服务和支持团队，能够为客户（高端人才）提供全面的技术支持。

第二，高质量科技企业孵化器能够吸引高端人才的一个原因是孵化器提供了一个可以实现个人目标的平台。这些孵化器往往拥有先进的技术和资源，使员工（人才）都能够有效地完成任务。此外，这些孵化器通常拥有一个具有挑战性的工作环境，让员工（人才）能够充分发挥他们的才华。这些孵化器能够高质量发展往往来自孵化器能够为员工（人才）提供一个能够发展个人潜能的环境，是各类人才自我发展、建功立业的新平台。

第三，高质量科技企业孵化器能够吸引高端人才的另一个

47

原因在于这些孵化器拥有独特的创新创业文化。这些孵化器的创新创业文化一般是鼓励员工（人才）发挥创造性思维和大胆创新的。这样的文化能够让顶尖（高端）人才看到充满挑战的工作机会，而不是单纯地提供工作岗位。正是这种创新创业文化吸引了许多顶尖（高端）人才加入孵化器。

让人才真正扎下根来，靠的不仅是一时的政策，更是长期的发展平台建设。支持高质量孵化器的建设，可以推动高端人才把根留在本地。

六、孵化资源网络化

传统的企业孵化器以自身的能力提供力所能及的孵化资源，但由于孵化器自身资源和实力有限，凭自身资源和实力无法提供企业所需的全部孵化资源，因而孵化器转向网络化寻求链接孵化资源，逐渐成为一种履行网络关系构建和网络管理职能的动态组织。

孵化器通过构建或嵌入"政、产、学、研、用、金、服"等创新创业生态要素的共生关系系统或网络，将政府支持、行业协会、中介机构、金融资本、技术平台、产业链上下游合作伙伴等纳入孵化网络，为在孵企业提供人才、技术、运营管理、品牌建设、产业链上下游资源和全球资源等全方位的创新创业要素支撑和多维度的增值赋能。

第四节 高质量科技企业孵化器发展环境

高质量科技企业孵化器的建设，受内部条件和外部支撑条件的制约，良好的环境是科技企业孵化器高质量发展的基本条件。因此，不是任何地方都能建成高质量的科技企业孵化器。特别地，科技企业孵化器高质量发展离不开地方经济、区域经济的支撑，孵化器能否与区域经济相融合是保证其长久发展的重要条件，越是能与区域经济相融合，与地方经济建立密切合作关系的孵化器就越可能实现高质量发展，反之则可能无法实现高质量发展。

一、内部环境

内部条件包括孵化场地、公共服务设施、孵化管理队伍、孵化资金等。内部环境是企业孵化器孵化企业的最基本的物质基础，大多数通过投资实现，可以是孵化器所有者、合作者或政府投资来打造内部环境条件，更多是由企业（孵化器）或市场解决，是孵化器可以控制和改变的。虽然内部条件的好坏决定了企业孵化器孵化规模的大小，但内部环境属于"能用钱可以解决的问题"，从来都不是影响孵化器高质量发展的关键因素。

二、外部环境

外部环境是指影响孵化器高质量发展的各种因素的总称，包括政治、经济、技术、社会等宏观环境，也有政府、大学、科研机构、竞争者、创业者、投资者、中介者、劳动力市场等中观微观环境，孵化器能否高质量发展主要取决于外部环境。

一是创新创业的文化环境。宽松、自由、鼓励个性化发展和创新，能融汇各种创新思想和容忍失败与挫折的文化氛围，包括企业家的示范效应、对经验和成绩的认可、社会对失败的宽容、对企业家精神的鼓励等能激发人们的创业精神，激励人们自主创业的文化氛围。

二是当地具有丰富的技术源和人才源。主要是当地是否具备专业化产业集群、创新集群或者工业的组合和集中、世界知名大企业、一流大学和科研院所带来的技术源和人才源，如果当地缺乏技术和人才资源，一般也会缺乏高端创新创业，即使有孵化器，也只能是低端创业或就业孵化。可见，设立在知名大学、科研机构、大企业密集地方的孵化器更容易实现高质量发展。

三是当地具有比较成熟的资本市场。孵化器高质量发展需要有天使资金、风险资金、企业和个人资金、商业银行的贷款等资金形成合力支持。形成合力的资本支持是孵化器高质量发展的重要外部条件。通过比较成熟的资本市场可以融通这些资本，形成合力支持孵化企业发展。

四是优惠的政策和健全的法制。包括政府支持科技企业的各种法规文件、社会保障制度、产业组织法律规范、资本市场法规等。优惠的政策各地都可以出台并给予相应的支持，但关键的还是当地的法治条件。孵化器高质量发展需要优良的法治环境，保证契约得以完全执行，保证孵化服务各方的产权和预期。

五是完善的市场服务体系。如人才市场、技术市场、信息市场、知识产权保护和成果推广等科技服务体系，以及大型仪器设备共享服务平台、技术研究机构、行业共性技术中心、管理咨询机构、专利、商标、税务、会计类的事务所等机构，有利于企业孵化器获取孵化资源，从而助推孵化器高质量发展。

此外，还需要便利的交通基础设施和宜居宜业的人居环境。

外部环境中，外部硬件设施虽然也属于"能用钱可以解决的问题"，但投资大，涉及面广，更多属于公共设施范畴，属于政府职能。外部环境中的软件环境，也不是某个企业或个体能完成的，更多是要全社会一起营造的。在外部环境中，还有一部分是介于企业和政府之间的环境条件，这部分主要通过社会组织来营造。

第四章

科技企业孵化器高质量发展的理论构思

已有的研究概括出的科技企业孵化器高质量发展路径主要如下：（1）加快向专业化、投资化（资本化）、国际化方向转型；（2）从完善政策、加强支撑、优化布局、多模式品牌化专业化发展、全链条孵化体系等方面，分析实现高质量发展的路径；（3）给孵化器信息化赋能、品牌化输出、资本化发展和国际化合作等发展路径；（4）强调孵化器从 1.0 版到 4.0 版或用数字表示的更高版本的升级过程；（5）政府支持提质增效，增强国际交流合作，提升专业细分领域的孵化服务能力，引导孵化机构向专业化、市场化、一体化、国际化、生态化方向实现高质量发展；等等。

从科技企业孵化器高质量发展的内涵来判断，已有研究概括出的上述路径缺乏作为"路径"的逻辑完整性，或者说缺乏科技企业孵化器高质量发展的起点和终点环节，因而不能说是科技企业孵化器高质量发展的完整路径。

本书根据前文确定的科技企业孵化器高质量发展的解读，考虑科技企业孵化器高质量发展的起点到终点的各个环节，构思实现科技企业孵化器高质量发展的路径，供后文的多案例验证。

第一节　确定专业的孵化方向

确定孵化方向其实是明确孵化器的价值主张，确定孵化方向是孵化器精准分析客户需求并提供精细化和专业化服务的前提。确定孵化方向改变了传统的以已有资源为条件提供服务的方式，形成了孵化目标动员孵化资源或带动孵化资源集聚的孵化服务方式。明确孵化方向决定的价值定位和产品定位为孵化器选择入孵企业和集聚资源提供指导原则。

一、专业技术孵化器

（一）定义

专业技术型企业孵化器是指在孵化对象、孵化条件、服务内容和管理团队上实现专业化，围绕某一特定技术领域培育和发展具有技术特长或优势的高技术企业的一种孵化器形式。① 其

---

① 郭名勇. 新发展格局下专业孵化器建设的逻辑体系［J］. 科技创业月刊，2023，36（5）：37-41.

中，又以硬科技孵化为主。① 常见的专业技术型企业孵化器有软件专业孵化器、生物医药专业孵化器、集成电路专业孵化器、光电专业孵化器、新材料专业孵化器、增材制造孵化器、农业高新技术专业孵化器、高端先进制造专业孵化器、海洋高新技术专业孵化器等。

专业化要求孵化器聚焦于特定产业技术领域的一个或几个细分的关联产业并提供精细化孵化服务以积累起自身在这一领域的核心孵化优势。从这一点看，专业孵化器比综合孵化器更加专注于企业的技术获取需求与技术绩效，更加专注于在孵化过程中培育众多生产相似性产品企业的核心产品构架知识，更专注某一专有生产活动的有效运营和专有生产体系能力的增强。②

（二）专业孵化器的定位

需要明确的是，专业技术孵化器的定位还是孵化企业，而不是孵化技术。纯粹的技术研发可以在技术转移中心、实验室、工程技术中心等地方进行。当然孵化科技型企业离不开对转化技术成果的支持。但孵化出的企业比技术更加重要，技术要靠

---

① 硬科技，是指基于科学发现和技术发明之上，经过长期研究积累形成的，具有较高技术门槛和明确的应用场景，能代表世界科技发展最先进水平、引领新一轮科技革命和产业变革，对经济社会发展具有重大支撑作用的关键核心技术。

② 孙大海，乐文，施立华. 我国专业孵化器的发展轨迹与路径选择 [J]. 中国高新区，2009（11）：89-93.

企业这个载体来进行转化和产业化。技术问题只是被孵化企业面临的一个问题，还有管理问题、市场问题、资金问题、人才问题、创新问题和持续发展问题等。孵化器就是要为企业解决这些问题。孵化器不仅本身要按照市场经济规律运行，还要为孵化企业创造一个符合市场经济规律的发展环境，这是核心，也是企业孵化器发展的方向和宗旨。如果把孵化技术作为专业技术孵化器的主要任务，就是弄错了重点和关键点。

（三）专业技术孵化器优势

世界各地专业技术孵化器发展的实践表明，专业化易于通过营造技术集群生态圈提高创业孵化成功率。

一是可大大降低创业企业的成本。创业成本的高低对于初创企业起着至关重要的作用。专业技术型企业孵化器除了提供通用型企业孵化器的一般共享服务外，还为在孵企业提供专业化的中试基地和专业化的技术平台，减少了初创企业公用技术设施的投入。另外，专业技术型企业孵化器还拥有专业化的技术咨询、专业化的管理培训，在很大程度上为初创企业在技术研发、生产运作、经营管理及市场开拓方面节省了成本。

二是有利于提高在孵企业的创新能力。创新是企业竞争优势的最终来源。特别是对于刚刚起步的中小企业，保持生命力唯一不变的法则就是不断创新。专业技术型企业孵化器内聚集的是一批以专业化分工和协作为基础的同一产业或相关产业的中小企业群，它们在地理位置上相当集中或接近，信息上充分交流，强大的竞争压力转为强烈的创新动力，逐渐形成了一个创新群落，在创新中发挥了集群优势。

三是有助于培养虚拟组织和学习型组织。虚拟组织、学习型组织是网络时代组织变革的新形式。专业技术型企业孵化器集合了本专业领域的优秀人才和大量具有相关专长的企业，通过孵化器的协调或是特定业务的需求，它们可以联合起来结成一种临时性组织，即虚拟组织。虚拟化使企业的经营具有极大的柔韧性与灵活性，实现了不同企业之间的优势互补和联合，在很大程度上增强了竞争优势的持久性和难以模仿性。

四是更有利于引入风险资本。稳定的资金投入有利于提高技术创业型企业孵化成功率，这已被国内外学者证实。但是，由于创业企业是一个高风险的企业，在发展过程中面临着高度的不确定性（如技术风险、市场风险、财务风险和管理风险等），无论是天使投资、风险投资，还是孵化器投资，都存在资金持有者与技术持有者间的信息不对等，极易引发逆向选择问题，直接加大了孵化期的资金风险，难以吸引外部资本进入。所以孵化器和投资机构为了降低风险，其投资领域都在逐步向专业化方向发展，趋向于选择自身所熟悉的行业领域。在这个过程中，天使投资、风险投资都需借助专业技术型企业孵化器的"专业"寻找最新、最好的创业型企业，而专业技术型孵化器则要结合风险投资的金融运作，使在孵企业受益层次更加全面和深入。

56

五是促使孵化器更容易融入区域创新系统和创新集群。区域创新系统是指区域网络各个结点（企业、大学、研究机构、政府等）在长期的协同作用中结网而创新，并融入区域的创新环境中而组成的系统。由于专业技术型企业孵化器先天与企业、大学、科研机构、风险投资和中介机构联系紧密，加之孵化器内存在高度专业化的分工与协作，重视知识、信息和技术的交流与合作，所以它孵育的企业具有很强的技术创新性、产业联系性和区域根植性，在客观上促进了区域创新系统的形成。

同时，专业技术孵化器内大量产业联系密切的企业以及相关的支撑机构在空间中集聚，减少了产业配套的难度、加强了专业人才之间的交流、增加了各类专业设备的可复用性，形成的强劲、持续竞争优势的现象更容易促成区域创新集群。专业技术型企业孵化器拥有本专业的优势项目、最先进的实验设施及高级的专家和管理人才，孵化器内的企业具有产业聚集性或密切的产业关联度。这不仅为入孵企业创造了一个很好的生长环境，而且还促进了产业链和技术链的有机结合，最终通过企业聚集效应和高新技术内在的功能联系有效地促成本区域特定产业创新集群的建立。

二、深化专业领域的服务

在所有孵化器提供的服务内容和类型中，专业孵化器必须在提供良好的物业服务、商务服务、创业辅导服务的基础上，重点强化知识产权服务、技术转移服务、公共技术平台服务等技术创新服务，着力完善投融资服务，重视做好推广与对接服务，构建与专业孵化器所在技术领域相适应的企业创业支撑体系。

在知识产权服务能力方面，引入知识产权专业服务机构，完善知识产权工作服务体系，满足在孵企业知识产权的申报、信息检索和分析、战略制定、质押融资、专利导航及专利预警、专利维权等方面的专业服务需求。

在技术转移与成果转化服务提供方面，要求专业孵化器紧密结合在孵企业的行业特点，有效提升孵化器在技术开发、技术咨询、技术帮扶等方面的服务能力，打通孵化器与高校、科研院所、创新平台、龙头企业等之间的技术人才、技术交流、技术服务资源获取渠道，帮助在孵企业加快技术研发进程，加快科技成果转化。

在专业孵化器的服务体系构建和服务能力建设中，专业公共技术服务平台建设始终处在基础性、关键性地位。一方面，这是由在孵企业的技术创业特点和产品研发试制的客观性要求所决定的。只有满足在孵企业在研究开发、产品试制、检验检测、小试中试和应用场景呈现等方面的软硬件服务需求，孵化器对在孵企业的扶持作用和孵化价值才能得到真正体现。另一方面，从孵化器的服务属性、孵化能力和资源配置角度看，专业孵化器只有结合在孵企业技术创新需求，配备专业公共技术服务平台，并真正提供在孵企业所急需的研究开发、产品试制、检验检测、小试中试和应用场景呈现等方面的技术支撑服务，载体才具备"专业孵化器"的资格，形成专业孵化器的服务优势。

另外，专业技术型企业孵化器还拥有专业化的技术咨询、专业化的管理培训，在很大程度上为初创企业在技术研发、生产运作、经营管理及市场开拓方面节省了成本。若不区分专业技术领域，将经由专家论证的高成长性创业企业统一招入孵化器，即使孵化器运营者具有某一专业的高学历基础或某行业的商务经验，但因"隔行如隔山"的知识结构和行业阅历限制，难以对入孵企业提供有效的商务和管理服务。

三、专业技术孵化器建设难点①

一方面，专业孵化器的技术门槛较高，需要有既懂技术、又懂服务的专业人才来运营和管理孵化器；另一方面，专业孵化器的投资门槛高，前期对公共技术服务平台的投资大，回报周期长，导致专业孵化器占比一直较低。即使这两个问题得以解决，专业技术孵化器还面临以下几个问题。

一是孵化对象引入培育难。专业孵化器所孵化的企业是同一技术领域的一定数量的企业，很多地方不具备这个条件。

---

① 孙大海，乐文，施立华. 我国专业孵化器的发展轨迹与路径选择 ［J］. 中国高新区，2009（11）.

二是孵化服务要求高。专业孵化器应配置为某一技术领域的产品开发、产业化、商业化提供必要支撑服务的共享仪器设备、实验室等专业技术平台，达成装备、硬件、软件、检测、中试等方面的共享服务。除一般孵化器的常规服务外，专业孵化器还应建立并拥有有助于该技术领域企业发展的独特智力网络和商业资源网络，促进企业创新资源共享，这些服务包括专业人才库服务，科技情报、文献、专业数据库共享服务，等等。在管理团队方面，专业孵化器除主要骨干应充分熟悉该技术领域的发展情况，具有相当的评估、咨询等技术专业服务能力外，还应建立并拥有一个掌握该领域先进理论、发展前沿、技术工艺的外围专家支持系统。

三是建设成本与运营成本高昂。企业最不愿意建设专业技术孵化器主要原因在于专业孵化器的建设成本与管理成本高于综合孵化器。由于专业孵化器在专业技术平台建设方面必须有一定的投入，在人员配置方面也必须朝着专业化的方向努力，专业孵化器的建设成本与管理运行成本高于综合孵化器，因而将会承担比一般企业孵化器更高的风险。

第二节　精选孵化种苗

一、选苗服务前移至概念验证

从科技创新成果向现实生产力转化"最初一公里"到"最后一公里"存在风险高、周期长、熟化慢、成本高等痛点问题。

一般而言，技术创新成果从研发到产业化可分为基础研究、概念验证、工作样机、工程化及生产线、产品生产五个阶段，基础研究与产品开发之间的"死亡谷"主要包括概念验证、工作样机、工程化及生产线阶段，概念验证是跨越"死亡谷"的关键一步。

早期科技创新成果对潜在投资者来说，极具风险，如果不进行概念验证就投入大量资金进行产业化，一旦失败，其付出的代价是昂贵的。由此，概念验证也就成了打通科技成果转化的"最初一公里"，助力科研人员踏过科技成果转化的"死亡之谷"。

概念验证这一提法源自欧美高校或公共部门的概念验证平台或资助计划，旨在为早期成果配置资金、开展技术与商业化验证，降低风险、验证可行性（技术可行性、商业可行性等方面的可行性），并吸引进一步的投资，以打通科技成果转化的相关阻碍。概念验证（POC）是将研究人员的创意或成果转化为可初步彰显其潜在商业价值的技术雏形，验证早期成果的可行性，为科技创新成果转化提供原理或技术可行性研究、原型制造、性能测试、市场竞争分析、二次开发、中试熟化等验证服务，加速创新链与产业链融合，弥补早期科技成果与可进行市场化成果之间空白的关键环节，提高科技成果转化效率。

概念验证阶段通过与投资机构合作给企业提供全程的专业技术和管理咨询服务，有着明确的制度和服务流程，服务团队由各种专业的职业人士组成，从技术理论到技术验证、产品化，再到资本市场的进一步发展，形成良性循环。

与一般的高校实验室不同，概念验证中心建设需要具备资质、场地、项目、团队和资金等几方面的条件，其中，专业化的团队是概念验证中心建设的重中之重。概念验证中心的专家团队，由来自技术、产业、资金三方的专家组成"铁三角"，概念验证中心必须汇聚一大批本专业的专家，对创新项目进行全方位评审，为筛选出优质项目进行全方位赋能，为成果转化的最初一步把好关，尽可能缩短从知识创新到产品创新的"断裂带"，助力更多前沿科技的早期项目成功走出实验室，走向产业化。

概念验证要完成三项任务：（1）对科技成果的商业化潜力、商业化等方面的可行性开展评价；（2）围绕评价中提出的问题进行验证，找出其中的不确定性与风险，并探索降低不确定性与风险的可能性，进而提高转化可行性；（3）进一步的研发和打造原型、样机，将科技成果往转化为现实生产力的道路上推动最关键的一小步（聚焦商业化与社会应用）。

高质量孵化器应该聚焦国家和地方发展的重点产业需求，与高水平运营主体、行业龙头企业和投资机构合作，联合组建公共性、开放性、市场化运作的概念验证中心。建立以风险投资人和项目经理为主导的概念验证机制，帮助新技术成果进行可行性验证、原型产品开发和市场潜力评估，围绕产业、企业需求为实验室科研成果筛选"把关"。概念验证中心通过早期介入企业、高校和科研院所的重大科技项目产业化研发活动，构建项目筛选、项目培育、孵化企业、融资发展的全链条转化模式，帮助有潜力的科技项目进一步熟化并助推转化，支持概念验证的项目在孵化器创业孵化，为孵化器提供源源不断的新项目。

二、保证入孵种苗的质量

科技企业孵化器高质量发展的最终目标是在培育高成长性的专业化科技企业基础上推动形成专业化产业集群和创新集群，科技企业孵化器高质量发展的中介目标就是其孵化企业成活率以及其毕业企业的成长性。以目标是否达成作为是否高质量发展的评判标准，科技企业孵化器初始孵化的种子就成为孵化器能否实现高质量发展的起点，而起点的高低则是由孵化种子的质量和数量（同类种苗的集合）决定的。

因此，孵化器入孵企业的种子质量非常重要，是其实现孵化价值的关键环节。科技企业孵化器必须对科技企业进行有选择的孵化，而且孵化器对科技企业提供孵化服务是一个互动的过程，它不仅受到孵化器能力和资源的限制，而且也受到种子企业本身能力和资源的限制。正如农作物质量较差的种子，无论投入多少肥料、农药和劳作都很难获得较高的产量，没有发展潜力的企业，即使投入再多的资源也很难存活，或者即便投入了大量的资源其成长性也难以有所提高，对这类种子投入大量的孵化资源和服务收效甚微，是很不明智的选择。反之，对具有发展潜力的企业投入较少的资源就可以获得很好的经济和社会效益。因此，入孵种子的质量非常重要，而入孵种子的质量主要由孵化器的战略定位能力和种子选择能力所决定的。①

科技企业孵化器的战略定位则是由孵化器的资源优势和所在的行业、所在地的发展战略重点等因素决定的，如果孵化器战略定位脱离行业发展趋势和当地的战略需求与环境，或者说定位模糊，没有明确的孵化产业方向，那么孵化器就没有明确的目标客户群，很难聚焦孵化特定的行业企业，将很难吸引到优质的目标种苗。当孵化器定位的行业技术机会越多、发展前景越好，越与区域发展战略相匹配或其定位创业群体越具有发

---

① 霍国庆，郭俊峰，袁永娜，等. 基于价值链的科技企业孵化器核心竞争力评价研究［J］. 数学的实践与认识，2012，42（24）：84，94.

展潜力时,其战略定位能力越强,反之亦然。所以定位于符合当地发展战略、发展重点并符合未来产业发展趋势的专业技术型孵化器具有更明确的入孵企业选择目标,也更容易聚焦同类准备入孵企业进行选择。

在确定入孵目标企业的行业类别,确定具体专业技术类型孵化基础上,在目标入孵企业中挑选入孵种子,最终确定入孵的种苗集合就涉及孵化器对种子选择能力问题。孵化器对种子选择能力越强,尤其是识别种子与孵化器定位一致性、发展远景的能力越强,则该孵化器的种子选择能力就越强,种子的质量就越高。

由于企业孵化器受到自身科技资源有限的制约,孵化项目的选择存在信息不对等的特征,现实中由于企业孵化器所掌握的信息有限,尤其是针对高新技术类的知识匮乏,并不能对高度专业化的信息做出有效的决策,对于名目繁多的高科技创业项目鉴别能力大大降低,劣质项目很可能被包装成具备市场潜力的优质项目,占用企业孵化资源。① 因此,选择高质量的孵化种苗项目就成了孵化器高质量发展的第一个关键坎。

三、稳定优质种苗来源

相对于孵化器的数量,优质孵化项目总是稀缺的。优质项

---

① 张宝建,孙国强. 基于演化博弈的创业孵化项目选择行为研究 [J]. 山西高等学校社会科学学报,2014,26(4):42-44.

目源是孵化器求之不得的资源，稳定而持续的优质项目是保证孵化器高质量发展的源泉，如何获得优质项目是孵化器高质量发展的初始起点。孵化器如果能够借助集聚的产业资源、大型公司或科研院所的技术资源或者其他优势资源，则可建立稳定的优质项目源，同时也可以为这些主体提供它们所需的创新项目或人才，服务于产业转型或创新发展。

优质项目源一般从两方面产生：一是大企业。大企业集聚的产业资源或者大型公司本身对于创新项目就有需求，而他们又能为创新项目提供良好的人才、技术、资本、行业信息、经验等一系列孵化企业成长所需的资源，会对初创企业形成极大的吸引力。再者，这些产业资源或大公司内部本身就有许多有创业需求的潜在项目，如果孵化器能够为他们提供完善的创业环境，将会对他们产生极大的鼓励把创业梦想变成现实。① 二是大学和科研院所。世界上的许多高质量企业孵化器都依托于著名大学和科研院所，拥有一流科技企业孵化器也已成为一流大学或高水平科研院所的一个重要标志。一流大学和高水平的科研机构，尤其是一流研发型大学，是企业孵化器建设最好的依托条件，也是许多孵化器的最初倡导者，甚至是孵化器的主导者。大学和科研机构是培育科研人才，创造科研成果的源泉。离开了大学和科研院所，科技企业孵化器很容易成为无源之水，

---

① 侯艳兵.科技型孵化器价值创造路径及其绩效影响研究［D］.杭州：中共浙江省委党校，2020.

无本之木。

四、选择技术关联产业项目

技术关联性就是指技术之间的相互交叉、联动影响的关系。技术关联主要表现为两方面：一是工艺性技术。这又包括一种产品生产的内部工艺技术过程的不可分割性和一种产品生产的外部企业，即上下游企业间工艺技术过程的不可分割性；二是同源性技术。同源性技术是指跨行业、跨部门的产品在设计、制造、使用、评测中共同需要、普遍适用的基础性技术，表现为以相同或相似的技术原理进行设计，使用相同或性能、性质相近的材料，使用发生原理相同的生产工艺和设备。

企业间的技术关联关系包括纵向关联和横向关联。纵向关联是产业链上下游的企业之间的关系，主要体现为产业的区分与专业化生产技术的衔接性。横向关联主要是市场需求的多样化决定的产品差异化的众多企业间的联系，主要体现了企业间产品上的不完全替代性和生产技术的同源性。

根据技术的内在特征，在专业技术孵化器内，设备、工艺、原材料、产品都是技术的范畴，就连劳动力，特别是技术人员更是"活"的技术。技术关联使彼此独立的在孵企业产生了联系，也使专业技术孵化器内在地成了具有一定意义的组织关系的有机体。在孵企业之间的技术关联性越强，孵化器内企业间的联系越密切。在孵企业这种内在的技术关联强化了孵化器的创新孵化能力，大大提高了孵化器发展的质量。

一是孵化器的企业与机构通过技术网络实现基于产业链的紧密合作，从而克服产业关联上的离散状态，实现资源共享和优势互补，使专业技术孵化器的竞争力得以真正体现。二是这些技术关联企业利用在孵化器内的集聚通过某种形式共同采购、生产、销售，可以降低原材料价格，也可以节约交易成本，而且建立共同的销售中心可以降低产品的运输成本、库存费用，实现内部规模经济。三是孵化器内企业专业化分工也进一步明细，衍生出上下游技术连接和服务型企业。四是技术关联企业的集中引发了技术人员的集中，非常有利于吸引一支专业化、高素质的技术和研发人员队伍。此外，这些技术关联企业的集聚可以通过自我强化的集聚效应，使外部效益增加，专业技术孵化器的范围效益更加显著，企业联系也更加密切。①

总之，以技术关联企业孵化为基础的孵化器将演变成一个技术网络、社会网络、交易网络的统一体，以此为载体，技术信息、市场信息、投融资信息等资源像血液一样在孵化器内聚集和流动，专业技术孵化器逐渐成为区域发展的创新极。

----

① 丰雷. 产业集群与技术关联关系研究 [J]. 科技和产业，2010, 10 (5)：4-6, 20.

第三节 有效动员资源

选好高质量种苗后，就需要孵化器动员内部和外部资源，将高质量种苗创业人员或者团队所欠缺高成长性科技企业成功所需的关键资源和关键能力转移或嫁接给创业人员或者团队。通常的情况是，单一孵化器并不拥有所有的孵化资源，所以要求孵化器能够有效获取网络内外孵化资源。①

一、孵化网络

社会网络理论认为，一个社会网络是由一系列社会关系联结在一起的结点（个体或组织）的总和。企业孵化过程的一个重要方面，就是将在孵企业与各种社会网络资源链接的过程，这些社会网络包括投融资网络、专业知识网络、客户与供应商关系等网络。据此，本书将孵化网络定义为以科技企业孵化器为核心，以在孵企业为创新主体，与其他孵化器、供应商、客户企业、政府部门、投融资机构、大学、科研院所、中介服务机构等相互连接形成的超越节点的组织，具备动态性、协同性、根植性特征。

---

① 周怀峰，陈晔，吴勇浩，等. 基于广东经验的科技企业孵化服务网络的构建、治理及政府角色研究 [M]. 广州：华南理工大学出版社，2020：13-15.

孵化资源的网络化分为内部网络化和外部网络化。

内部网络化（内层网络）包括孵化器与被孵企业间关系网络和被孵企业间的关系网络的建立。孵化器与被孵企业间的关系网络是孵化器通过为被孵企业提供服务建立起来的相互间的信任与依赖关系，这种关系可以有效降低企业的创业难度，促进孵化器不断改进服务、提升品牌形象和影响力；被孵企业间的关系网络是通过孵化器的聚集效应建立起来的，这种关系网络可以促进知识、技术的传播和协同效应的产生。内层网络形成的高强度直接联系使孵化器准确了解在孵企业的资源需求，并提供匹配程度较高的创业支持；内层网络资源的流动使孵化器变成了一个层级交互地带的组织，也使孵化器占据了整个网络的核心位置。

外部网络化（外层网络）发展包含两方面：一是指孵化器与政府、相关企业、大学研究所、孵化器协会、其他孵化器以及提供管理、技术咨询、投融资、人才培训、法律和会计等专业服务的各种中介机构之间通过长期合作建立的关系网络。二是指被孵对象与孵化器外部的相关机构和企业结成商业与非商业的关系网络。外部关系网络可以有效整合孵化器外部的资源，提高产品、技术和市场等信息向被孵对象的传播速度。外层网络形成的间接联系，代表孵化器通过自身结网能力为在孵企业提供外部合作关系和资源的最大程度，主要解决孵化器自身资源有限的问题。

孵化器在孵化网络中起资源枢纽的作用，帮助撬动外层网络中蕴藏的丰富资源，为内层网络所用。在孵企业通过结合"私有"异质性资源和网络提供的"公有"内外部资源，可以有效实现自身发展目标。[①]

二、嵌入网络

根据资源依赖理论的基本假设，孵化器最为关心的是生存，没有任何一个孵化器可以完全自给地形成生存所需的关键资源。为此，孵化器必须和外部环境发生交换。这种资源需求形成了孵化器对外部资源的依赖，而孵化器所依赖的环境要素将会对孵化器提出要求，因此，每个孵化器的生存都建立在其发展和控制自身和获取外部资源的能力基础上。

孵化器主要通过孵化网络获取外部资源，是一种联合型的资源依赖，遵循嵌入逻辑，联合依赖会带来关系导向的加深和联合行动的产生，引发关系网络内聚力的提升。基于网络合作的功利性，功利性产生了孵化网络合作的参与组织，按其投入的资源类型差异可分为：投入网络资源的孵化器、投入创新项目或创意资源的入孵企业、投入创新、创业关键资源（资金、技术和人才等）的其他参与组织及机构，如高校、科研院所、产业链上的企业、研发机构、投融资机构、行业协会（孵化器协

---

① 李振华，李赋薇. 孵化网络、集群社会资本与孵化绩效相关性［J］. 管理评论，2018，30（8）：79-89.

会）等。

孵化器利用外部网络资源能力主要体现在如下三方面①。

网络资源拼凑能力——指孵化器充分利用与开发内外部资源，并对现有资源进行重组及汲取利用的能力。科技企业孵化器网络资源拼凑能力既创造环境又与外部环境共同演化，其能够帮助孵化器识别资源形式、类型、替换性并开展资源评价，为在孵企业成长与发展提供有力的资源基础支撑，继而推动科技企业孵化器服务创新。

网络组织学习能力——指科技企业孵化器为在孵企业提供创新学习、创客空间及第三方专业化服务（如技术支持、人才招聘、人才培训、生产管理、营销管理、企业咨询等）的能力，旨在为在孵企业迅速纠正错误组织行为并改变落后的组织惯例，以加速在孵企业毕业与成长，旨在实现科技企业孵化器服务创新。

网络关系交互能力——指科技企业孵化器构建外部价值性关系网络的能力，旨在为在孵企业搭建高质量的网络关系平台，加速孵化器自身与网络关系合作伙伴形成"活性知识场"，促使在孵企业迅速嵌入价值性关系网络，更好地获取外部异质性资源、专用性知识和技能、服务等，促进在孵企业发展。

————————

① 姜骞，唐震."资源—能力—关系"框架下网络能力与科技企业孵化器服务创新绩效研究：知识积累的中介作用与知识基的调节作用 [J].科技进步与对策，2018，35（5）：126-133.

孵化网络关系的建立可以弥补单个孵化器和单个企业资源和能力的不足，是孵化过程中促进价值增加的最重要因素，也是形成良好的社会创新环境的关键。

建立各类以孵化器为核心的行业网络组织和联盟，把分散的孵化器资源和力量聚合到一个统一平台上，发挥这些网络组织在推动孵化器产业链联动、跨区域联动、跨国联动方面的重要作用。孵化器提升孵化质量的重要措施就是建立全面的社会网络关系。铺设孵化网络提高孵化成功率将成为未来必然的发展趋势。

三、协同获取网络资源

科技企业孵化器网络化能增加孵化器获取孵化资源的能力和水平并提高孵化器的孵化产出水平。

科技孵化器围绕入孵企业，通过提供孵化服务和协同利益相关主体间的资源实现价值增值的过程，涉及科技型孵化器的整个孵化链条，包括孵化活动的组织、内部运营体系的支持和第三方主体的协同，通过协同实现孵化资源投入孵化。因此，在网络化的孵化体系中，孵化器一般并不需要提供在孵企业所需要的技术开发、市场营销和企业运营管理等方面的所有资源和知识。很多时候需要借助孵化网络的其他主体，如其他孵化器、投融资机构、政府、大学、科研院所、企业技术平台、中介机构等利益相关方，"合作生产"提供创业者所需要的孵化资源与服务。

四、提升网络位阶

如前文所述，孵化器并不能提供在孵企业所需要的全部技术开发、市场营销和企业运营管理等方面的所有资源和知识。很多时候需要借助外部的孵化服务主体，如政府、大学、科研院所、中介机构等利益相关方的资源完成孵化。

网络区位理论指出[①]，网络中存在核心成员和次要成员，核心成员嵌入程度高，信息资源丰富，更容易得到位置收益。网络位阶（网络位置）改进即孵化器充分利用孵化网络参与者及其所构成的网络，通过创新活动占据有利的网络孵化器位阶，从而获得网络位阶收益，推动孵化器孵化服务升级。

网络位阶改进以提升孵化器的孵化服务能力有效地解释了目前众多孵化器热衷于参与各级政府和孵化器协会组织的各种创业创新活动的行为。不少孵化器正是积极借助参与政府、孵化器协会、行业协会等组织的各类创新创业活动，挖掘、改进和提高自身的网络位阶，提高孵化网络资源获取的能力。

孵化器主动加入各级孵化器协会组织、其他孵化资源组织、其他社会组织，积极参与社会组织和政府组织的各类创业创新

---

① GREENWOOD R，SUDDABY R，HININGS C R. Theorizingchange：The Role of Professional Associations in the Transformation of Institutionalized Fields [J]. Academy of Management Journal，2002，45（1）：58-80.

活动、投融资活动，起草孵化企业和行业标准，打造固定化的创业创新路演赛事活动、投融资对接活动等，都是孵化器改进网络位阶的努力。

从具体国情来看，各地各类孵化器都与政府部门有着千丝万缕的关系，都善于处理与外部主体的关系，尤其是与政府的关系。孵化器正是借助参与政府与其他组织推介的活动，挖掘、改进和提高网络位阶，从而提升孵化器发展质量。

品牌化也是提升孵化网络位阶常见的办法。品牌化是指企业孵化器在努力提高内服务能力的同时，还要有意识地向外部打造孵化器自身的品牌。具有鲜明品牌形象的企业孵化器可以得到媒体的更多关注，可以扩大在自己的各种投资机构中的知名度，使在孵企业获得更多的融资发展机会。同时，具有鲜明品牌形象的企业孵化器还可以吸引更多优秀创业企业的加盟，提高"生源"的质量。

五、强化投融资服务资源

资金是初创企业的命脉，在孵企业获得资金的难易程度和孵化器投融资服务水平及能力，决定在孵企业的生存发展状态和孵化器的孵化绩效、可持续发展能力。完善孵化器的投融资服务体系，构建"孵化基金+风险投资+专业资本投资+金融机构融资"的完整投融资体系，是专业孵化器完善投融资服务体系的努力方向。

　　孵化器投融资服务能力打造的重点和方向是在对初创企业实施资金帮扶的过程中，形成以服务为依托、以资金为纽带、以价值为导向的共生共赢机制。增强孵化器的投融资服务能力，一方面，需要载体树立投资孵化意识，构建"投资+孵化"的经营模式，完善孵化器孵化基金、孵化资金管理制度，牢固树立与在孵企业同成长、共进步的发展理念；另一方面，要帮助在孵企业努力提升自身的研发能力、产品技术优势和市场竞争力，让企业自身有"被投资"的价值。同时孵化器还要积极搭建投融资服务平台，加强与各类专业投资机构、银行金融机构等的合作，引入建立投融资服务渠道和平台，通过孵化器让更多的金融活水注入科技型企业的培育孵化中。

第四节　高效运营孵化资源

　　动员资源后，接下来就是利用动员到的孵化资源给高质量孵化种苗赋能孵化。

一、优化孵化服务组织①

　　组织优化主要是指孵化器在外部生存压力和内部组织能力

---

　　① 马凤岭，陈颉. 基于扎根理论的孵化器商业模式演进机制研究［J］. 科学学与科学技术管理，2014，35（5）：130-136.

局限的双重影响下，对组织内部的管理模式、组织结构、工作流程、人员等方面进行的变革与创新。孵化器顺应环境的变化，在 20 世纪 90 年代末开始转变经营策略，强调软服务和软环境的建设，建立了企业联系人、重点孵化等制度。组织结构由成立之初的直线型组织结构，发展到直线职能型再到目前按顾客划分的准事业部制。

孵化器组织内部优化主要表现为对自身现状和能力科学、全面、客观的分析，在此基础上对内部资源要素的重新协调与配置。这种提升是建立在既有知识的基础上，提高组织既有的技能、过程和结构，从而维持现有的顾客，获得更高的顾客认同。组织内部优化后，把更多的组织资源面向客户需求，提升孵化器发展的质量。

组织优化外在表现为孵化器对孵化器内部企业的管理优化。①

一是完善服务平台体系的搭建，根据产业链条设置相应的资源化平台，完善以产业链条为主线的"一条龙、一站式"服务体系。

二是增加主动性专业服务能力的比重，改变传统的以搭建平台、入驻窗口等形式为主，等待入孵企业主动咨询的被动服务模式。

---

① 赵绘存. 基于价值链的孵化器盈利模式探讨［J］. 商业经济研究，2016（3）：216-107.

三是强化孵化淘汰体系建设，建立基于在孵企业孵化发展周期的考核体系，加强入孵企业的动态管理，对入孵企业培育的同时做好企业的孵化考核，动态监控企业的发展情况，及时发现问题企业，及时清理不合格企业。

四是建立个性化服务体系，针对企业的自身情况，在孵化器资源支配范围内，针对孵化企业提供差异化服务，克服企业短板，支撑企业发展。

五是通过主动与入孵企业进行沟通交流，寻找潜在的服务点和需求，通过为企业提供服务来创造企业价值和孵化器价值。

从这点来说，组织优化是对组织内部的孵化资源和孵化能力进行开发性重组优化以适应孵化器高质量发展的要求。

二、服务企业全生命周期

企业的发展演变遵从一定的规律。根据爱迪思的理论①，企业生命周期分为十个阶段，即孕育期、婴儿期、学步期、青春期、盛年期、稳定期、贵族期、官僚化早期、官僚期、死亡。在孵企业主要处于成长阶段，主要包括企业生命周期的前五个阶段：孕育期、婴儿期、学步期、青春期和盛年期。

---

① 爱迪思 . 企业生命周期 ［M］. 王钥，译 . 北京：中国人民大学出版社，2017：54-57.

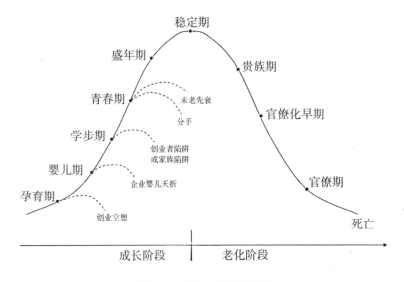

图 4-1　企业生命周期图示

（资料来源：根据爱迪思的企业生命周期理论绘制）

　　按照传统的孵化理论，孵化服务并不覆盖企业发展的后五个阶段：稳定期、贵族期、官僚化早期、官僚期、死亡。在生命周期的不同阶段，决定企业生存和发展的关键要素存在差异，由于不同企业在生命周期或不同阶段企业需求资源存在差异，这就需要孵化器采用差异孵化的形式，为处在不同生命周期的企业提供精准服务。

　　企业全生命周期的孵化，拓展了孵化器服务对象和服务内容，对孵化器的孵化资源、孵化服务、孵化能力提出更高的要求。

三、培育一体化服务链条

基于生态系统观，一些有能力、有条件的传统孵化器已逐渐开始利用自身资源整合，尝试发展出一体化的孵化生态体系，走专做孵化服务的路线，面向不同发展阶段的创业企业提供从"种子期—初创期—成长期—扩张期—成熟期—老化期"全生命周期的创业孵化服务，构建了"众创空间（创业苗圃）—孵化器—加速器—产业园区"全链条孵化培育体系，形成了从团队孵化到企业孵化再到产业孵化的一体化培育链条。

孵化服务则从前端的众创空间开始，到孵化器、加速器、产业园区（科学园、高新区）、创新（创业）社区等。孵化器的发展串联起其他孵化环节，让孵化企业嵌入产业链和产业网，让创业者融入创业社区，增强企业黏性留住创业团队。

具体做法有：结合区域产业特色，联合地产机构发展科技地产，打造吃、穿、住、用、行、教育、医疗等综合型创新创业社区；以资本为纽带推动孵化器共建、产业园共建、众创空间共建；通过企业与孵化器合作、企业与企业合作、孵化器与孵化器合作等手段，构建入驻、培育、毕业、加速、反哺的一站式孵化体系；发挥大企业的主观能动性，当好孵化器的创业导师、投资主体、合作方、资源提供方等；与省内外高校、科研机构、创业团队合作，推进异地人才本地创业、异地企业本地孵化措施。

全孵化链条建设，贯穿企业生命周期的全过程，除内部集成将一系列要素，包括资金、技术、人才、信息、市场、运行平台、内外环境、运行机制等有机整合以外，也有与外部资源结合，形成产业园区或生态体系，孵化器逐渐转为服务企业全生命周期的多功能机构。[①]

面向全生命周期服务的全链条孵化也是一种升级发展，这种升级更多强调毕业企业的继续孵化，即产业孵化。然而如果全生命周期一体化的孵化服务由单一孵化器提供，投资大、周期长，对自身资源不足的孵化器而言，既不经济也没必要。因而，目前的企业全生命周期的全链条孵化更多是一种孵化理念，一种宣传口号，更多是在原有孵化器基础上孵化企业留驻继续孵化。

四、升级孵化服务价值链

在孵化服务价值链的五层次中，场地服务处于最底层，其次是与场地服务相关的商务信息服务，再到比较容易获得的知识和技术服务，再到天使投资和风险投资、寻找天使客户等服务，最后是不容易获得的技术和高端人才服务，每个层次的服务对在孵企业价值创造的作用不同。从初创科技企业发展来看，

---

① 吴崇明，于源，孟宇，等. 传统科技企业孵化器的转型升级之路刍议 [J]. 科学与管理，2018，38（4）：48-51.

无形资源对企业核心能力的形成越来越重要①，特别是初创企业对隐性知识的掌握及对知识的吸收、传递、转化和应用的能力，成为其竞争差异的根本所在。因此，孵化器能提供的五个层次的服务依次攀升就是一种价值链的升级。

基础设施提供的是一种初级价值服务。孵化器提供的基础设施服务主要包括厂房、办公设施和物业管理等，通常情况孵化器会以低于市场价格，甚至以免费的形式提供给各类初创企业，这些基础设施和服务也是初创企业发展初期所必备的。

与场地服务相关的商务信息服务则为第二层次。主要是向那些具有较高技术能力但缺乏企业管理方面知识和技能的初创企业提供各类管理咨询服务和工商法律服务，如市场信息、会计记账、法律咨询等。

比较容易获得的知识和一般技术服务为第三层次。这类技术服务比较容易获得，主要与知识、文化、网络等软件资源相关，孵化器通过信息交流、技术评估、技术培训及相关服务为整体，使初创企业的知识架构、技术开发、成果转化等更为顺利。

天使投资、风险投资和天使客户等服务为第四层次，属于比较高级的增值服务。资本是初创企业发展过程中最重要的环

---

① AURIK J C, JONK G J, WILLEN R E. Rebuilding the Corporate Genome：Unlocking the Real Value of Your Business [M]. New York：John Wiley& sons，2003：30-58.

节，初创企业在发展初期由于自身结构不健全，导致银行和企业之间信息不对等，无法及时得到所需的融资。孵化器通过自身机制和良好的信誉可以帮助初创企业获得潜在的投资，引入风险投资和银行信贷基金，此外，孵化器自身设立的孵化基金也能帮助初创企业渡过初期资金短缺的境况。或者，孵化器通过某种双方认可的方式，将价值分享嵌入在孵企业发展，形成集团化孵化模式、持股孵化模式、担保孵化模式等多种不同的介入操作模式，与在孵企业风险共担，在合适时机选择合适的方式退出，分享企业增长带来的收益。

为在孵企业寻找天使客户是最容易被忽略却是最具价值的孵化服务。天使客户就是指那些愿意尝试早期产品，有购买意愿和推广热情，同时对产品质量和价格敏感度不高，贵一点也无所谓的客户。这些客户是创业企业"最贴心的人"，也是创业迈向成功的关键。很多创新产品，早期开发的产品一般都不完善，只能满足一部分特色需求，刚开始很难找到天使客户，如果孵化器能够协助寻找到天使客户，就为孵化企业找到可靠的发展依靠。

不容易获得的技术和高端人才服务在孵化服务价值链的顶端，能给在孵企业带来高级增值。现代社会的竞争是科技竞争，特别是技术诀窍和核心专利技术，其核心是人才竞争，高端人才是科技企业孵化器的关键词。孵化器凭借自身的体制优势，可以吸引高层次人才，优化人才成长环境，加大人才培养力度，为在孵企业提供人才培养、培训服务，降低入孵成本，提高人力资源的整合效率。

孵化服务是一串各个环节相扣的孵化服务增值服务过程，也是价值链攀升的过程。[①]

在全孵化服务链条体系中，上述五个阶段是针对在孵企业而言，孵化器的高级价值服务还包括后孵化服务[②]。

（1）延展孵化器自身产品价值链条，搭建产品市场化增殖体系，以孵化器为整体，构建孵化器的集群品牌平台、营销网络平台，主要针对在孵化期间已初步形成的产品和服务，但未形成完善的市场营销网络并具有一定规模的市场营销能力的在孵企业，探讨产品代销、分销的渠道模式，创造孵化器品牌，统一营销，参与渠道价值链中物流链条和分销链条利润分配。

（2）通过公共平台和专业化的团队对外提供专业服务，拓展市场，获取更多商业价值，并提升孵化器在区域范围内的影响力，塑造孵化器品牌，促进孵化器无形资产的增值。

（3）做好后孵化增殖体系，完善企业退孵机制，安置退孵企业，包括土地、厂房等生产要素的配套，为企业提供适合的发展空间，并分享企业入驻产业化园区的政府财政鼓励性收益、园区租金收益。同时针对有参股孵化或资本注入的企业，建立

---

① 张哲勐，寇小萱. 孵化器服务对创业企业创新绩效的影响研究［J］. 中国商论，2020（7）：231-232.

② 赵绘存. 基于价值链的孵化器盈利模式探讨［J］. 商业经济研究，2016（3）：106-107.

长效跟踪机制和资本退出机制，分享孵化过程中企业的资本增值带来的收益。

另外，孵化器价值链的改进（组合）也是一种优化升级。价值链改进是指孵化器对内部价值活动的重新调整、优化，但这种调整具有较高的创新性。孵化器或是通过创新改变了某些原有的价值活动，如在发展过程中增加对在孵企业的天使投资、深度咨询等服务功能；或是延长自身基础价值链，如与大学、研究院所等共建入孵前的创业苗圃，设法筹建科技园区来为毕业企业提供生产经营场所；或是拆分、缩短价值链，如通过提供品牌及服务与合作伙伴共建外部孵化基地等。这些活动均是与现有价值链有明显区别的探索性创新活动。

第五节　同类企业和产业孵化

一、从单个企业孵化到一批同类企业孵化

高质量孵化器的目标不仅是孵化个别的具有自生能力的高新技术企业，更在于孵化一批同一技术领域的高新技术企业，企业孵化与产业孵化并举，最终孵化出一个个创新型产业。一项高新技术产生以后，经过一次孵化成长为一个可以生产新产品的企业，再经过产业孵化就可以把这样的小企业以及与其相

关行业的小企业一起发展起来，形成产业集聚进而发展成一个新的产业。孵化产业既是对孵化器功能的升级，也是对科技孵化产业的升级。

孵化企业与孵化产业的区别如下表4-1所示。

表4-1 孵化企业与孵化产业区别

	孵化企业	孵化产业
对象	技术成果转化、初创企业	已经具备技术产业化成果的企业
功能	实现科技成果转化到企业的转变	同时孵化多个同一技术链、产业链上的企业
载体模式	物理空间，聚集孵化资源，不断接受新企业入驻	标准化厂房、产业基地、园区等形态
运行机制	政府深度介入、市场主导、企业化运作	政府中度或轻度介入、市场主导、企业化运作
融资渠道	政府资助、天使投资为主，风险投资参与	风险投资和其他多元化投资
服务内容及特点	场地、创业辅导、设备和技术支持、综合性服务，其他孵化服务	企业个性化服务和综合服务

资料来源：根据本节相关理论归纳。

二、从同类企业孵化到产业孵化

产业孵化是以专业技术孵化器为基础，在同类技术产业聚集孵化基础上，以技术平台、技术经营、技术转移、技术成果产业化为依托，不断帮助孵化企业延伸产业价值链的同时，致力于专业化产业集聚到专业化产业集群和创新集群的全链条、全方位服务过程。①

高质量的孵化器还需要针对经历初创期后的高技术企业自我生存能力差的特点，对其进行进一步的孵化，使其进入成长期并最终达到成熟期，对这些从孵化器毕业后处于服务"断层"的高技术企业进行二次产业式孵化，更加注重如何帮助初创企业融入产业链，孵化出某类企业集群或某个细分产业，实现高技术产业的在地化培育，目标是培育专业化的创新型产业集群。

三、聚焦孵化新兴产业和未来产业

战略性新兴产业是产业孵化的主战场，那么未来产业就是产业孵化的未来。一个立足当下，一个放眼未来。与战略性新兴产业相比，未来产业往往是重大科技创新产业化后形成的，更能代表未来科技和产业发展的新方向，是对经济社会变迁起到关键性、支撑性和引领性作用的前沿产业。因此，高质量孵化器需要提前布局并抢抓未来产业的孵化。至于哪些产业属于未来产业，目前还无定论。

总之，未来产业是基于前沿重大科技创新而形成的产业，是面向未来并决定产业竞争力和区域竞争实力的前瞻性产业，

---

① 产业孵化在概念使用及理解上较为模糊，目前尚无定论，不同的理解散见于少量文献和政策文件、新闻报道，相关研究缺乏对行业最新实践的精细观察和提炼总结。

是支撑未来产业发展的主导产业。技术的前沿性、需求的突破性、影响的颠覆性、价值的战略性、前景的爆发性，是未来产业的显著特征。

近年来，各地在培育产业过程中已不简单是定位战略性新兴产业，成长性高、政策支持、投资热点成为产业的主选逻辑，卡脖子领域、国产替代领域、市场化程度高"硬科技"领域的孵化备受关注。

目前，政府部门和智库机构所关注的未来产业大多将其与战略性新兴产业混列，如数字科技、人工智能、人形机器人、自动驾驶、量子信息、基因技术、太空科技、人体增强、新能源和节能技术、氢能与储能技术、类脑智能、量子科技、基因技术、未来网络、深海空天开发、氢能与储能等前沿科技和产业变革领域。

第六节　高质量科技企业孵化器的演化

理想状态下的高质量科技企业孵化器演化路线是：专业技术企业孵化器→专业技术企业加速器→专业化产业集群→专业化创新集群。

一、专业技术企业加速器

在专业技术企业孵化器的基础上，随着孵化企业不断发育成熟，需要更多的孵化资源加速企业成长，原有孵化器的物理空间、配套设施、技术平台、投融资、市场网络、人力资源等孵化资源已难以满足相应的需求。这时的孵化器组需要扩张升级，通过服务模式创新充分满足快速成长期企业对空间、管理、服务、合作等方面的个性化需求，成立专门针对本孵化器的主要高新技术领域的科技成果转化和助推科技型"瞪羚"企业快速发展的加速机构。在加速场地的设计和使用上更注重提供定制化一对一的专门服务，提升和扩张加速发展资源和资源支持能力，赋能企业加速发展。

专业技术企业加速器作为能够满足成长期企业一系列服务的提供者、组织者和管理者，是介于企业孵化器和科技园区之间的一种中间业态的新型空间载体和服务网络，具有较强的集群吸引力和创新网络形态。

它将在很大程度上改变以往企业一毕业就走人和孵化器纯粹为他人作嫁衣的状态，而是新的模式继续服务企业，服务企业全生命周期，推动配套产业发展，从而促成区域产业集群和创新集群。

二、专业化产业集群

科技企业孵化器与产业集群形成的原因密切相关，首先，科技企业孵化器是众多专业化中小企业在空间地理上的集聚，成为产业集群形成的最初诱因。其次，溢出效应在孵化器中存在较普遍。例如，在孵化器一旦孵化出关键技术链节或供应链节的关键企业后，该产业链、供应链上的小企业将纷纷而来，聚集在该孵化器内或孵化器周围，这主要是由孵化器孵化出的关键企业的溢出效应导致的。通过在孵化器的集中专业化孵化，孵化器内企业之间的"有形的"运输成本以及"无形的"信息成本、搜寻成本、合约的谈判和执行成本等都得到降低，这些成本通常都是极其复杂的，在企业布局分散的时候更是如此。孵化器引致的产业集聚可以提供的便利主要有：孵化企业（关联企业）相互之间的产业链、供应链关系明显，易于找到合作伙伴；产品与服务市场触手可及，供应商和顾客同样集聚在一起，成本更低、企业更容易做专精特新；创业环境和气氛；研究开发的集约性，培训设施的共享性，所有这些因素或特点有助于孵化器更容易孵化高端企业，产业的高端化推动孵化器的高质量发展。

按照高质量孵化演化的路径，如果加速器毕业的同一产业类型企业留在本地发展，那将形成产业聚集，最终形成专业化产业集群。

三、创新集群

创新集群是指在某一产业领域内，一组交互作用的创新型企业和关联机构，由于具有异质性和互补性而联系在一起并根植于某一特定地域而形成的一种地方性网络组织。根据熊彼特的观点，创新并不是孤立的，它们总是趋于集群，成簇地发生，成功的创新首先是一些企业，接着是更多灵敏的企业成功创新，创新也不是随机的均匀分布的，它总是集中于某些部门及相邻部门。

专业技术孵化器为创新集群提供了火种。专业孵化器本来就具备集群具有的共性和互补性的企业的作用，在孵化器内部，通过促进企业之间沟通与合作，各企业之间也能够出现集群式创新，孵化器本身可以成为一个小的创新集群。在创新集群成长演化的过程中，特别是在集群形成初期，专业技术企业孵化器主要是通过对创业的促进和中小企业的培育，直接推动集群的发展。

四、高质量科技企业孵化器演化的逻辑路径

从高质量发展的起点到终点，一个科技企业孵化器高质量发展的完整的演化路径可概括如下（见图4-2）。

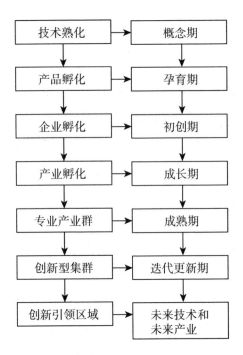

图4-2 高质量科技企业孵化器演化路径图

（资料来源：作者根据上述思路绘制）

第五章

广州科技企业孵化器高质量发展的多案例研究

第一节　研究方法

一、基于扎根理论的多案例研究

（一）多案例研究

经济管理问题的研究没有最好的方法，只有适用不适用的方法。案例研究是经济管理问题常用的研究方法之一。虽然现实中的任何事物或现象都存在相应的案例，但并不是所有的经济管理问题都适合做案例研究。当研究对象在特定领域是典型的或创新的，所研究的属于偏细节的异质性问题，或者属于过程性因果问题、实践性机制问题、难以通过实验得出结论的问题，都适合使用案例研究方法。

根据罗伯特·K. 殷的定义，案例研究是"一整套设计研究方案必须遵循的逻辑，是只有当所要研究的问题与其环境相适应时才会适用的方法，而不是什么环境下都要生搬硬套的教条"，比较适合"怎么样"和"为什么"两种类型的问题。从研究范式来说，案例研究是一种实证研究，是在不脱离现实生活环境的情况下，研究当时当地正在发现的现象，研究现象与其所处的情境之间的界限并不十分明显。

本书采取多案例研究方法的原因在于：第一，通过采用复制逻辑的思路，一个案例的研究发现可以在其他案例上得到印证或者反对，在对多个案例的比较分析过程中，可以从不同角度对研究问题进行细致生动的分析，有助于识别出科技企业孵化器高质量发展背后共性的做法和路径。第二，相较于单案例研究，多案例可以更准确地描述不同的概念及其相互关系，并从中确定准确的定义和概念抽象的适当层次，为理论构建提供更坚实的基础，构建更具普适性的理论。①

本书的多案例理论构建就是反复迭代的过程，理论构建的核心是针对科技企业孵化器怎样才能实现高质量发展这个尚未充分探索但意义重大的问题创建强有力的理论，这也是本书的研究目的。

（二）扎根理论研究方法

本书使用 Strauss 的扎根理论分析方法对来自案例的资料进

---

① EISENHARDT K M. Building Theories from Case Study Research ［J］. Academy of Management Review，1989，14（4）：532-550.

行深入分析①，这种分析方法被学术界认定为"经由质化研究构建理论"的科学方法，是基于所收集的现实资料的整理与分析，运用系统化的程序，提炼反映某一现象的概念，发现范畴之间的关联，从而提升为理论。与量化实证研究相比，基于扎根理论的研究没有预先的理论假设，其核心是资料收集与分析的过程，强调"持续比较"与"理论取样"，是一种自下而上的归纳式研究方法。扎根理论分析方法要求研究者完全扎根于原始资料，通过开放式编码、主轴式编码和选择式编码，基于这种三阶段编码方案，挖掘得到不同范畴间的关联，最后以一定的逻辑将概念和范畴联结在一起，从而构建成理论。

二、分析的逻辑方法

本书多案例研究遵循的是复制逻辑，复制是指通过单个案例间的相互印证，可以更容易地发现共存于多个案例之间的模式，并消除随机性的关联。本书所说的案例复制，其实就是选择几个专业技术方向不同的孵化器，但都从事高新技术产品和产业孵化，虽然产品孵化所需的技术和工艺不同，但目标都是孵化出该技术产品或产业，每家孵化器类似于一个从事系列不同技术产品孵化的实验，每个案例都可以被视为一个独立的实

① STRAUSS A, CORBIN J. Grounded Theory in Practice ［M］. Thousand Oaks: Sage, 1997: 12-19.

验单元，通过这些不连续的孵化实验对提出的科技企业孵化器高质量发展理论进行重复、对比和拓展。

本书的孵化案例，虽然孵化的产品和技术不同，但总体来说就是孵化器复制。复制的孵化器（孵化模式）注重所挑选出来的案例能产生相同的结果（孵化出该技术产品或产业），这与多元实验的复制法相类似。如通过某次实验取得某项重大发现后，研究者将会重复进行第二次、第三次，甚至更多次相同的实验对之进行检验、验证，强调的是特定现象在哪些条件下可能被发现，通过反复验证变量间的关系以提升其效度的可信性，为完善和拓展理论提供了机会。

第二节　研究过程

一、计划阶段

案例研究的计划阶段主要是确定研究问题，明确使用案例研究方法的依据。科技企业孵化器经过了三十多年的发展，虽然在数量上、质量上都上了一个很大的台阶，但是在专业技术孵化器和高新技术产业孵化上，科技企业孵化器的表现与国家创新驱动发展战略要求严重不匹配，科技企业孵化器高质量发展成了建设创新强国绕不过去的话题。因此，我们把研究问题确定为研究科技企业孵化器高质量发展的路径范式。

二、研究理论假设或命题

案例研究的资料分析有两种策略，资料分析这个阶段是否有必要取决于采取的策略。第一种策略为"依赖理论假说"，是指在理论命题的基础上发展出案例中的理论假设，通过对案例的分析来验证或修正假设。采取这种分析策略有助于组织整理案例、研究和界定待检测的备择解释，对回答"怎么样"和"为什么"这类问题的假说非常有用。但是，由于这种案例研究的研究设计是建立在理论假说的基础之上的，因此，它会限制研究者收集资料的范围和方式，使其将注意力集中在某些资料而忽略其他资料。

第二种策略为"进行案例描述"，是指研究者通过对案例的详细了解和掌握，发展出一个描述的框架从而来组织案例研究。如果案例研究的最初目的是描述性的，那么这种策略毫无疑问是适用的；但在最初目的可能并非进行案例描述的情况下，这种策略也有助于将需要分析的因果关系识别出来。

本项的案例研究主要采取第一种策略，主要是我们通过对科技企业孵化器发展趋势和对孵化器高质量发展内涵和外延的理解，提出了科技企业孵化器实现高质量发展路径的理论构思（假设），期望通过收集多案例，通过扎根理论研究的方法，再抽象出理论来印证原先提出的理论假设，如果两者相符，我们则认为提出的理论在案例范围内是成立的，本书案例的研究设计是建立在科技企业高质量发展路径理论假说的基础之上的。

三、设计与准备

在案例研究设计阶段，我们着重考虑四方面的质量：建构效度、内部效度、外部效度和信度。建构效度是指对所研究的概念形成一套恰当的操作性概念和指标；内部效度（仅适用于解释性或偶发性研究，不能用作探究性和描述性研究）是指建立研究中的问题与问题或概念与概念之间的临时关系，以此表明一种情况会导致另一种情况，以区别于虚假的联系。外部效度是指确定一个研究发现或结论可以推广的范围；信度是指证明一个研究的操作（如资料的收集过程）是具有可重复性，如果重复这一研究，就能得到同样结果的。

在这一阶段，我们的主要任务是界定分析单位、确定要研究的案例以及设计案例研究的形式。首先，我们对案例分析单位做了明确清晰的界定，本书所选的案例集中在实体经济（现代农业、高端先进制造业、工业软件等）的高新技术企业（产业）孵化领域，综合孵化器和非实体经济的孵化不在讨论范围，所选的孵化器类型和孵化的产业符合科技企业孵化器高质量发展的范畴。

在案例研究开始前，研究团队都接受案例研究的专门训练，在项目立项后，专门针对科技企业孵化器案例研究做培训，拟订案例研究草案，对候选的案例，研究团队以科技企业孵化器高质量发展的理论为指导，反复实地考察，与行业专家、技术专家和广州市内各个科技企业孵化（器）协会等组织反复讨论案例的典型性或代表性，特别是对所选案例能否代表广州市科技企业孵化器高质量发展实际和趋势等问题进行讨论和筛选，最终确定 12 家孵化器作为案例研究对象。

四、资料收集

本书案例研究的最大亮点就在于收集资料环节。

这一阶段主要是收集案例研究的资料，收集多种来源的证据并形成案例研究的数据库。在收集过程中，一个一以贯之的总体目标是收集关于研究对象的真实事件、行为方面和绩效的数据。案例研究的资料来自六方面：文档、文献记录、面谈、直接观察、参与式观察和实物。综合收集这几种来源的资料会进一步提高资料的质量。

一是案例二手资料来自科技企业孵化器直接服务组织，最大限度保证数据资料的真实性。广州科技企业孵化协会、各区企业孵化协会等组织提供了这些孵化器的统计资料，包括年报资料、申报项目资料、现场核查资料、审计资料、在孵企业、毕业企业统计、专业技术平台等，这些数据资料覆盖不同年份、不同时期，总体比较齐全，利于我们从中找到这些孵化器高质量发展的历史轨迹。

二是让多个成员进入案例现场，保证研究人员熟知研究对象。这样，案例就可以被多位研究者从不同角度来观察。团队成员的见解通常可以相互补充从而使数据更加丰富，并且不同的观点增加了从数据中捕捉到新观点的概率。从众多研究者中得到的收敛趋同的观察结果增强了结论的可信度，趋同的观点增加了假设的实证根基，而对立的观点会使研究团队避免过早结束调查。多成员的研究团队一方面有利于增强结论的可信度，另一方面增加了发现新理论的可能性。团队成员进驻获取一手数据大致分为三个阶段：第一阶段，团队负责人对案例企业总经理进行访谈，收集和分析相关案例资料，确认孵化绩效和孵化成果，初步确定研究问题。第二阶段，按双方约定团队成员在一年半内定期到案例企业调研，参与案例企业季度工作总结会和月度孵化服务工作交流会，实施开放式和半结构化访谈，访谈对象包括总经理、副总经理、部门总监、中层管理人员和基层业务人员，以及孵化企业研发负责人、孵化企业法定代表人或实际控制人，单个人员访谈时间一般40分钟左右。第三阶段，对已有数据资料进行整理和分析总结，与案例企业指定的负责对接人核对调研的数据和资料，并进行补充。

通过半开放式问卷对部分孵化器从业人员、管理者、在孵企业管理者进行深度访谈获得一手资料，访谈对象共49人次，每人访谈时间30~60分钟，经访谈对象同意后对访谈过程进行录音，获得语音资料累计约21小时，整理得到文字资料约22

万字。

三是研究团队在网络上也找到了大量关于这些案例孵化器的网络文件和材料。特别是广州市、区、镇（街）三级政府公开的支持科技企业孵化器发展的各类政策、文件、广州孵化器协会对这些孵化器的各类支持活动、评审结果、自主结果等，以及案例孵化器网站的自身介绍、业务介绍、孵化服务、孵化优惠条件、孵化特色、孵化成果等方面的资料。收集后再把这些数据资料和前述资料对比分析，发现不同之处再返回现场考察核对。

表5-1 数据资料来源和分类

数据类型	数据来源	编码
一手资料	访谈数据	F1-112
	企业高管演讲数据	F113-158
	会议记录数据	F159-185
二手资料	年度绩效报告	B1-30
	年度总结报告	B31-52
	孵化协会总结报告	B53-57
	公司网站信息	W1-20
	政府网站公开信息	W2-6
	新闻报道	X1-23

五、案例分析阶段

案例数据资料分析是理论构建的关键环节，因为每一个案例如同一个独立的实验，我们为每一个案例撰写其故事。然后是测量概念、发现规律。分析的核心思想是从数据资料到理论，概念和命题全都扎根于数据资料，即在数据资料中得到支持并呈现证据。分析完毕就构建理论，理论构建的方法是用数据资料同参照理论和已有文献之间不停迭代对比，归纳出概念间的关系，提出命题，并做案例验证直至其能与所有案例匹配。

　　证据分析包括检查、归类、列表、检验，或合并证据，以根据实证依据得出结论。根据罗伯特·K. 殷的观点，证据分析有四大策略：① 以理论假设为基础、进行案例描述、结合量化资料和质性资料以及检验对立的竞争性解释。本书使用了除结合量化资料以外的三大策略。

　　本书案例研究在分析阶段的一个突出特点就是我们在对每一个孵化器高质量发展的案例都进行了详细分析的基础上，通过对案例的回顾，我们能清楚地看到不同的科技企业孵化器在专业技术孵化建设、高新技术企业孵化和产业化的经验和做法的相同之处和细微的差别之处。我们也考虑到，由于这些案例孵化器高质量发展更多是描述性的资料，特别是各个孵化器高质量发展的路径和做法，无法用数据来精确统计，无法用量化资料并结合具体的分析技术展开分析。量化资料的缺失一方面是由于孵化器高质量发展路径本身无法用数据来精确统计，另一方面是在资料收集环节中，研究人员和被采访对象或调查企

---

① 殷 . 案例研究：设计与方法：第 3 版［M］. 重庆：重庆大学出版社，2004：116-147.

业都无法用数据来描述高质量路径或轨迹，导致了这部分内容只能用定性资料说话。当然，这在一定程度上，与案例研究的性质有关。在确定进行案例研究时，我们把案例定位成探索性的案例研究，旨在通过对多案例的对比研究，探索科技企业孵化器高质量发展的路径。

在完成单案例内分析以后再着手进行跨案例分析。我们突破单案例内分析时的思维局限，站在系统性、全局性的角度，通过结构化、多样性的分析手段，将跨案例分析过程中涌现的概念与现有理论进行反复比较，并借助大量的图表挖掘概念之间的潜在联系，在不断完善研究发现的过程中，逐渐实现经验事实（数据资料）与理论的匹配，增强理论的抽象程度。同时，在数据资料、涌现概念以及已有文献之间的反复穿梭，直至形成稳健且综合性的科技企业孵化器实现高质量发展的理论框架。具体而言，一是选定一些类别或者维度，然后寻找组内的关于科技企业孵化器高质量发展的途径相似点和组间的不同点。二是将案例配对，然后列出每对案例之间关于科技企业孵化器高质量发展的途径的相似点和不同点。通过这两个办法寻找案例之间细微的相似和不同之处。

六、总结并验证理论构思

本书在对高质量科技企业孵化器内涵和特征解读的基础上，提出建设高质量孵化器的理论构想留待基于找多案例抽象出的

理论进行对比或验证。在对广州科技企业孵化器12家典型案例
的实地调研、访谈和资料收集整理基础上，利用扎根理论研究
方法，逐步提出并生成高质量孵化器发展路径的理论，在案例
范围内全部证实或部分证实了本书提出的高质量孵化器发展理
论的构想（假设）。

第三节　案例分析过程和案例简介

一、案例分析过程

本书将案例的分析研究分为如下几个阶段。

（一）开放式编码

开放式编码的过程即将原始资料标签化、概念化和范畴化的
过程。其目的在于指认现象、界定概念和发现范畴，具体操作流
程可以描述为：指认现象（概念化）—挖掘范畴（范畴化）—为
范畴命名—发掘范畴的性质及其维度。

此过程要求研究者要保持开放的心态，尽量摒弃个人存在
的主观偏见，对所有的资料按照其呈现的原始状态进行编码。
在资料分析时，研究者应注重挖掘一些具体的、概念上有一定
联系的问题，提问时注意把握研究目的，但同时又在脑海中对
事先并无考虑的现象或目标留有余地。在编码方式的选择上，

有些研究采用逐字编码的方式，这种方法适合比较小的数据量的研究。而大多数研究倾向于逐行编码，对每行数据进行命名，此种方法适用于如访谈、观察、文本等详细资料的分析。开放式编码在前期编码阶段时初始概念较为宽泛，之后随着范围不断缩小，概念呈现饱和状态。

（二）主轴式编码

主轴式编码过程即挖掘范畴间各种联系以展现大量原始资料的内在联系和逻辑的过程，存在的逻辑可以为因果关系、事件先后关系、语义关系、情境关系、相似关系、差异关系、对等关系、类型关系、结构关系、功能关系、过程关系、策略关系等。在主轴式编码过程中，发展范畴依然是主要目的，研究者将开放式编码中所得的各个范畴重新整合，并以一定的逻辑或典范模型相联结，形成多个主范畴和子范畴。

（三）选择式编码

选择式编码过程即发展核心范畴的过程，通过深入分析和讨论核心范畴与有关主范畴和子范畴之间的关联，用故事线的形式来描述整体资料设计的现象和事件，最终构建起能够涵盖所有范畴和概念的立体理论框架关系，得到理论模型。选择式编码中的资料分析与主轴式编码相比，处理的分析层次更为抽象。具体而言，选择式编码过程需要综合所有范畴，并从中识别出能够统领它们的核心范畴；以一定的故事线说明能够反映此前形成的范畴和主范畴全部现象的关系和逻辑；通过典型范式将核心范畴和子范畴进行联结并用所有的原始资料进行联结关系的验证；基于逻辑的反复验证进一步将范畴精细化。

综合而言，Strauss 扎根理论的三阶段分析法更适合高质量孵化器发展路径模型的研究①，因为开放式编码能够将多案例资料中描述高质量孵化器的变量范畴化，主轴式编码的典范模式则能按范畴性质将碾碎的概念和范畴层次化和因果关系化，最后基于选择式编码，将分布于各层次的范畴聚类为主范畴后抽象出具有层次化特征的高质量孵化器经验，并上升到理论。

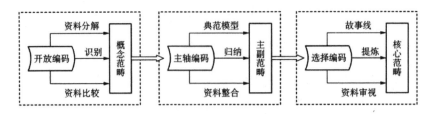

图 5-1　扎根理论分析的技术路线

二、多案例的描述性信息

研究者为什么选择某几个案例作为研究的样本需要有充足的理由，如果没有充足的理由，人们质疑，甚至否定其研究的意义和价值就在所难免。理由无外乎两种：一是理论根据；二是实践依据。理论依据主要是阐明选择这些案例在方法论上是可行且符合逻辑的；实践依据无外乎就是作者能够获取这些案

---

① STRAUSS A，CORBIN J. Grounded Theory in practice［M］. Thousand Oaks：Sage，1997：12-19.

例的真实资料并有能力对其进行分析。

本书选取广州市 12 家孵化器作为备选案例，案例的描述性信息如表5-2所示。案例选取标准为：①理论抽样原则，在案例选择上根据它们是否特别适合发现和拓展概念之间的关系和逻辑来决定，所选案例不是基于特定案例的独特性，而是基于案例群对理论构建的贡献，这些多案例的选择是基于理论原因，因为这些案例更多是可重复性的，有利于经验性的总结和上升到理论的拓展。②遵循跨案例研究的聚焦原则。选取的孵化器均为专业技术领域企业孵化器，且积累了一定的孵化成果，具有典型性。尽可能兼顾了不同行业类型、规模的孵化器，从具有对比性的多个案例中得出结论并相互印证，提高研究设计的周延性和外在效度。③信息资料便于获取原则。综合考虑了案例孵化器调研的便捷程度、信息可获得性和企业代表性。

案例简明信息如表5-2。

表 5-2 案例孵化器描述性信息

孵化器名称	成立时间	100 字左右简介
广州市高新技术创业服务中心	1993 年	广州创业中心是华南地区首家科技企业孵化器，于 2000 年被认定为国家级科技企业孵化器，是广州科技企业孵化协会会长和广州市高新技术企业协会秘书长单位。近三年在国家级孵化器绩效评价中均获得 A 类（优秀）。广州创业中心还承担着区域孵化器建设的重任，积极为科技部火炬中心、省、市和区科技主管部门出谋划策，参与调研、理论研究和政策编制，不断输出服务，坚持引领示范地区同行，并积极协助地区同行发展升级，提供智力支持
莱迪生命健康城	2010 年	广州莱迪生命健康城，位于广州经济技术开发区科学城开源大道 188 号，由广州莱迪光电股份有限公司投资建设并运营管理。迄今为止，莱迪产业园已吸纳了几百个创新创业团队，园区以生命健康产业为核心，聚焦生物医药、医疗器械及医学检测等领域；同时涵盖了新一代信息技术等产业领域，汇聚了高新技术企业、专精特新企业及多家瞪羚企业、规上企业和独角兽企业，并有院士团队、海归博士团队在园创业，形成了科技创新和生物医药大健康产业的高度聚集和浓厚氛围
广州市 3D 打印产业园	2011 年	广州市服务型制造业集聚区 3D 打印产业园（以下简称"广州市 3D 打印产业园"）是在广州市委、市政府、荔湾区委、区政府指导下，于 2014 年 9 月经广州市经贸委批准成立，是广州市唯一一家以 3D 打印技术产业为载体的新业态产业园区。园区以打造华南地区最具活力和经济效应的 3D 打印产业集聚区为目标，并牵头成立了广州市 3D 打印技术产业联盟、广州市增材制造技术行业协会、广东省增材制造协会。有效地整合广东省，尤其是珠三角地区 3D 打印产业资源和创新资源，构建集 3D 打印上下游于一体的产业链专业孵化器

孵化器名称	成立时间	100 字左右简介
启盛会展产业园	2012年	启盛会展产业园立足"国际会展中心"及"人工智能和数字经济"的区位优势，积极引进高端会展和展览配套服务企业，重点孵化人工智能、数字经济、互联网等新兴产业，打造会展经济和科技创新两大主题。园区关注企业不同阶段的孵化需求，为中小微企业发展提供"找人""找钱""找资源"全生命周期产业孵化培育服务，目前已培育了一批高成长性的企业，包括振威展览、金至检测、米奥兰特、斗米兼职、新再灵科技、超级车店等知名公司
华南新材料创新园	2013年	华新园是新材料行业龙头企业金发科技（股票代码：600143）与高金富恒集团（旗下控股 3 家新材料行业上市公司，毅昌科技，东材科技，高盟新材）依托自身产业资源牵头打造的，广州市第一家龙头企业创办的专业性科技企业孵化器，于 2014 年被认定为国家级科技企业孵化器
白云电气孵化器	2014年	白云电气孵化器是白云电气集团围绕绿色智慧能源重点打造的产业孵化平台。作为国家级科技企业孵化器（专业型），将充分发挥龙头企业的产业担当，积极推动绿色智慧能源产业发展，推进创新链与产业链深度融合，并以"行业龙头企业+内、外部孵化+供应链整合"的模式，搭建了"广州民营科技园白云电气科技大厦（众创空间、孵化器）+广州市白云区神山工业园轨道交通装备创新园（加速器）+广州市轨道交通装备产业园（产业集群）"总建筑面积约 28.7 万平方米的三级产业集群生态圈，聚焦"双碳+ 轨交"孵化高端装备制造企业
达安创谷生物医药健康产业专业孵化器	2015年	达安创谷生物医药健康产业专业孵化器定位为专注帮助健康领域创业项目快速发展的专业孵化器，依托达安基因及生态圈产业资源，形成独具特色的"技术/管理创新+资本+产业资源+运营管理服务"的四链融合大健康产业孵化模式。通过构建"互联网+"服务平台，聚合并链接生态圈内成员企业及各方资源，真正形成达安创谷生态系统，形成了新的生物产业集群，也是国内第二大生物医药产业集群，具备强大的横向资源整合能力，实现生态圈企业间相互孵化、共同成长

续表

孵化器名称	成立时间	100字左右简介
易翔科技园	2015年	易翔科技园地处广州经济技术开发区核心地段，孵化领域聚焦以智能装备及软件为特色的电子信息产业，于2020年被认定为国家级科技企业孵化器。易翔科技园以培育科技企业、集聚智能装备及软件上下游的创新产业为使命，孵化智能装备及其组件、智能终端产品、软件及信息服务等行业高成长性企业，为创业者提供全生命周期创新创业服务。园区引进和培育了一批龙头企业、独角兽和明星企业，孵化成效显著且在行业内有较高的影响力
盛达电子信息创新园	2015年	盛达电子信息创新园多年以来深度聚焦数字创意产业，产业集聚度高达80%，是一家通过村集体物业微改造运营而诞生的国家级科技企业孵化器。孵化器以数字游戏、数字动画、虚拟现实（VR）制作、网络视听新媒体和软件研发等企业为主要孵化培育对象；搭建具有特色的数字创意产业的服务体系，以"文化+科技""技术+艺术"的标准进行有效的管理运作，是区域性较有影响力、有产业特色的数字创意产业高度集聚园区
励弘文创旗舰园	2016年	励弘文创旗舰园是依托励丰文化（利亚德集团旗下的文化板块核心企业，股票代码：300296）产业资源，坚持以5G新文创为目标，以"文化和科技融合"为抓手，以元宇宙为核心，聚集数字体验制作技术和新文创IP，配套数字体验、公共技术等八大专业孵化服务平台，引进包括5G/AI未来影像制作、智慧文旅、文化名人工作室、4K/8K超高清内容制作、VR/AR+文创、交互数字体验等内容制作及软硬件集成类企业，形成了"5G·元宇宙·新文创"数字创意产业生态

孵化器名称	成立时间	100字左右简介
金颖农科孵化器	2017年	金颖农科孵化器（华南A谷）是广东省农业科学院立足产业发展和企业需求，依托科技资源优势，整合集聚各类创新创业要素，搭建的集"科技企业孵化、关键技术研发、科技人才创业、成果技术转化"四大功能于一体的农业科技成果转化孵化服务平台。园区位于广州天河"环五山创新策源区"核心区域，累计吸引超350家农业科技企业入驻，涵盖种业、生产、加工等农业全产业链，是粤港澳大湾区规模最大的国家级现代农业专业孵化载体
骐丰科技园	2020年	骐丰科技园总孵化面积达到21000m^2，获得了广东省科技企业孵化器认定，成为广州市天河区退役军人就业创业基地，成立了中国共产党骐丰科技园支部委员会，是一家集"党建·科技·军创"为一体的骐丰特色创业创新孵化平台。目前骐丰科技园拥有创业导师61名，有资质的从业人员18名，专业孵化团队运营的市场化、企业化服务体系能更好地培育新兴领域、高成长性创业企业和创业家

资料来源：以上数据资料截至2022年年底，所有数据资料均为案例企业自主申报，经研究团队整理，广州科技企业孵化协会核对。

第四节　多案例经验证据与分析归纳

一、编码方案

采取扎根理论的三阶段编码方法进行分析，主要使用归纳法分析数据并形成理论，通过与研究对象互动对其行为和意义建构获得解释性理解。编码命名原则上采取"原生"原则，即尽量从每个句子中引用标记了密集而有重要意义的词汇，且"头脑中不能有任何预先形成的概念"。为了提高所发现理论的精确性和异质性，整个编码过程中要对具有相似性和差异性的范畴进行持续的比较、阐释和修正。

为了提高所发现理论的精确性和异质性，编码过程由两位研究人员同时进行，应用迭代式的跨案例概念化和范畴化编码方案。首先标签化第一个案例的原始事件，得到概念化结果，形成初始概念模板，再对第二个案例的原始事件进行逐句标签，将得到的概念化结果与初始模板进行比较分析，修正和补充后形成新的概念模板，以此类推。当概念模板经历几次迭代后，根据概念之间的关系将其聚拢形成范畴，同样在后续编码中进行持续比较和修正。在对所有案例逐个编码完毕后，得到最终稳定的概念和范畴。这种螺旋式的比较分析提高了概念和范畴以及范畴间关系的精确度。编码过程结束后，以留存的案例资料进行饱和度检验。

二、开放式编码形成概念和范畴

本书的研究将原始资料分解成若干个独立事件，将具有重要性与可延伸性的重点标示出来，通过初步归纳、整理现象摘要并加以分类，共得到172个概念并为其命名。范畴化是为了缩减概念的数量，将与同一现象有关的概念聚拢成一类的过程。

在对同类概念进行整理、分析、归类后，本书使用概括性更强的词语来表达相似概念的实质，从而实现对资料的继续归纳，便于后续分析。经过范畴化的过程，本书的研究提炼出 20 个范畴。

表5-3 开放式编码提炼概念和范畴

范畴	概念	原始语句举例
专业定位战略	专业匹配当地产业，产业基础，主导产业	做专业领域的孵化器，本地一定要有产业基础和创新创业氛围，没有本地的产业基础和创新创业氛围，不具备这样的研发、生产能力和车间，没有产业技术配套，在这样的地方做专业技术产业孵化器很难的
		有产业基础建设以本地优势产业为基础的专业孵化器
		鼓励当地的存量支柱产业，拟培育的战略新兴产业，创新创业资源状况，研发能力等，根据产业的资源，每个孵化器专注2~3个细分主导产业，选择细分产业领域
	聚焦特定产业，选择性孵化	我们的孵化项目不是来者不拒，主要孵化生物药、医疗器械
		我们的孵化项目不是来者不拒，主要孵化软件信息类企业
		我们的孵化项目不是来者不拒，主要孵化集成电路设计和集成电路封装
		我们的孵化项目不是来者不拒，主要孵化三D打印类得到企业
		……
	专业孵化趋势，孵化价值链、专业园区	专业技术领域孵化器是发展的必然趋势，要对企业提供精细化、专业化的服务
		专业技术领域孵化器是未来的方向
		推动传统型孵化器向专业孵化器转型
	专业孵化、孵化核心业务、上下游项目	首先要做战略的定位，做专业技术领域的产业园，然后对该产业进行细分领域分解，然后分析在孵企业的主导产业和主要技术方向，在引进项目时，着重为他们引进上下游企业和项目
		也想做专业孵化器，虽然很难做，我们分析在孵企业的主导产业和主要技术方向，在引进项目时，着重为他们引进上下游企业和项目

114

续表

范畴	概念	原始语句举例
	精准专业服务专业深化,精准孵化	在专业深度和行业高度上同时推进,实现精准孵化和产业对接的双重效果
		孵化器内就有实验室和小试产线
		根据孵化企业的专业技术领域,后来建了一条小试产线,发现即使同类技术的产品也不能完全通用,只能够根据不同产品和企业对外面的需求对接外面的企业和科研院所来解决
		技术服务平台是很难共用的,因为在孵企业很少有完全相同的技术产品,即使是上下游,也很难用到那个技术平台
精准专业服务	技术服务平台,企业技术服务,差异化制造中心,公共实验室,场景实验室,产品验证,试验,共享制造中心,研发社区,检验检测	积极引导和鼓励产业上下游企业、高校和科研院所利用实验室或小试车间建设特定技术领域孵化器,并鼓励对其他孵化器开放技术平台
		合作共建专业技术平台
		合作共建科技成果产业化平台
		鼓励龙头企业和科研院所开放实验室、小试、中试产线和检测服务
		必须建设新产品验证平台
		产业孵化要考虑为企业的不同发展阶段提供空间承载和服务赋能,在空间承载上有研发社区,孵化器,加速器,产业园和总部基地等,在服务赋能上除了公共实验室,融资,咨询,人才,财务,法律等服务,还有概念验证中心,共享制造中心,场景实验室等新兴的服务平台

115

续表

范畴	概念	原始语句举例
精准专业服务	技术支持、技术评价、针对性技术服务	入驻的都是高精尖的科技企业，孵化器提供的核心技术支持扮演了很重要的角色 现在很多新技术应用之前不知道与老技术的差异是什么，而目前缺乏相应的评价标准。我们会联合科研院所及高校，将还没形成标准的前沿技术对性体系建立起来 专业孵化器的成立为相关行业的创业者提供具有针对性的服务，让创业者享受到更加适宜的成长环境
	关注新技术、科技新成果、科技新项目、源头创新	经常关注跟我们孵化器专业技术领域有关的研究进展、新技术和新产品 关注包括各类国家科技计划项目，如国家自然科学基金项目、科技部重大产业化项目，国家863计划项目，国家重点攻关计划项目，国家火炬计划项目，国家星火计划项目，国家攀登计划项目等 经常关注我们在孵化企业技术领域相关的国内外发明专利信息
提前介入选苗	科技创业、高端人才创业、高价值专利	打造科技成果"征集—入库—展示—评估—交易"的全链条成果转化服务体系，鼓励科技人员带技术、带项目人孵 特别是自带项目的高端技术人才，不惜重金引进 瞄准国内外高价值专利，争取引进高价值专利及其组合项目

范畴	概念	原始语句举例
保证种苗来源	潜力项目,风险投资,可产业化项目	那个项目的技术很有潜力,做过中试了,很多风投机构都盯着,我想尽办法引进它
	科技成果转化,科技成果产业化,产学研项目	跟有实力的高校、科研院所合作,经常跟踪研究的新进展、新成果；如果有适合的产学研项目,特别是与在孵企业技术相关的项目,我们会想方设法引进；在各种科技创新创业大赛中寻找项目
	高层次人才创业,高大上成果	关注高新技术龙头企业技术人员,特定技术领域的高校教师、硕士、博士、博士后的科研成果；精英创新创业更容易成功,高层次人才创新创业的科技项目优先考虑；关注高新技术龙头企业技术人员,工程技术类教授,行业领军技术人才创业更高大上,我们更愿意引进
保证种苗质量	严格引进标准,多维度评价,符合专业定位,项目筛选,新兴产业	有初审和复审,首先要看产品,是不是具有"览的赛道",这些产品是会用数据的方式做一些验证,其次我们会看创始人,创始人比如说如果管出来创业也会加分,还有一些创业者已经拿到投资了也会加分,是不是有一个大公司的一些高管出来创业,一些连续创业的会加分；经多是从项目的纬度和人的纬度来双向去判断；首先是经过准入机制,审核通过后向服务商开放接口,同时在服务期间引人入征信体系,严格执行评价退出机制,优胜劣汰；必须符合孵化器专业领域需求,优先选择新技术或新兴产业项目

续表

范畴	概念	原始语句举例
	专业机构筛选	每次都会邀请合作机构，特别是技术和风投机构，他们看项目有经验，会帮助我们一起来筛选，他们筛选好的项目也可以投资
		初创企业要在短时间内不断经历"大浪淘沙"：符合条件的，继续孵化；没达到指标的，分析原因，决定是否继续孵化。常年开放入园申请，让更新更好的项目源源不断地补充进来
		组建懂行业的服务团队
保证种苗质量	严格管理、跟踪评价、技术团队、行业内人员评价	对进行科技成果孵化项目仅具有初级样品或技术原型，甚至只有技术研究
		如何在众多现有科技成果中，筛选出可能产品化的，又有可能产品化的市场，就需要懂得多个行业应用的人来执行
		我们的几个孵化器分别专业于自动化、机械、信息化、新材料、新能源等领域的孵化，因此我们组集对集中于制造业，其应用领域也相对集中于制造业，因此我们组建了熟悉生产领域的市场专家和技术专家来参与科技成果筛选
	技术匹配、成果匹配、可行性分析	发掘应用市场需求并进行匹配。借助懂行业的服务团队，以及他们的朋友、合作伙伴等，收集与筛选出来的科技成果应用相关的需求，与科技成果匹配，并进行可行性分析
	组建孵化项目、技术产品化、推动项目	首先，我们征求多机构的意见，做好界定科研成果的归属和日后收益的分配，目前有很多机构都在探索并给予技术支持。这里不展开。其次，征求意见，是全职参与还是提供技术支持，并制定权益分配原则。最后，从服务团队和创人员中选择专家作为孵化项目的协调者和市场负责人，推动项目进行
		技术产品化。这一步非常关键。过去很多科技孵化机构忽略或者弱化产品化这一步。在我们做了科技成果筛选和需求匹配后，实际上并不确定什么时候，使用何种体验，功能完善等等很多细节涉及及产品功能设计、外观设计

续表

范畴	概念	原始语句举例
选择	产业导向，产业链图谱，定向招商	我们定位以后就有了产业导向，然后做出详细的产业链图谱，按照这个图谱定向引进新项目
	孵化产业链，配套项目，孵化产业链	从龙头企业进行突破，以点带面形成产业链，根据龙头企业的需要，尽量引进与龙头企业匹配的项目，形成孵化产业链
	龙头引领，关联项目	万事开头难，很难一下就引进链式关联项目，我们先想办法比较先进的好项目，慢慢培养成龙头企业，然后看他需要什么合作伙伴，再想办法引进来
	链接资源、资源对接	怎么做好资源"连接器"的工作，把外部好的机会和资源嫁接到我们孵化器的企业，让企业获得更多的孵化资源，这是获得企业认可的关键工作
嵌入网络	加入协会	加入省、市、区的孵化（器）协会等组织 加入各种协会，争取做会长副会长之类的
	利用网络资源，自身资源有限	单独一个孵化器的资源对创业者的帮助还是不够的，加入本地孵化服务网络，可以让每一个初创企业都能够进入这个网络，初创企业就有可能获得更多的服务和资源
	合作资源，协同孵化，资源支持	我们没那么多资金建设专业技术服务平台，如果企业有小试、中试和检测的需求，我们就联系合作单位，在企业去那里做。合作单位象征性收费 新创科技型企业面临更多的市场和行业，资源短缺，企业孵化器通过自身的优势，与相关机构建立联系，如科研院所、风投机构等，帮助他们获取他们需要的资源支持

续表

范畴	概念	原始语句举例
协同获取网络资源	有孵化资源、顾客满意度	企业为什么选择我们，最主要的原因就是我们手上有多少外面的资源，这些资源质量如何等
		孵化器能够获得优质的、丰富的资源，在市场上更容易立足，更容易吸引企业入驻
	孵化器共享资源、孵化器开放	孵化器之间能不能互动起来合作，共享孵化科技服务平台的硬件资源？真的没必要每个孵化器都建设专业化的硬件资源
		不同老板，不同地方的孵化器之间的相互开放性资源共享，所以我们老板创建几个孵化器，连锁经营，先在我们企业集团内部共享孵化资源，同时也主动跟别的孵化器合作共享，节约成本
	对接地方资源	加入本地网络后，不仅能吸纳各地创业创新项目，还能帮平台里各类有需求的企业对接地方资源
	互为客户、互动交流	在同类技术领域在孵化器间的互动其实很重要，沟通后发现原来客户就在孵化企业身边
		与多家第三方服务机构达成战略合作，为在孵企业提供孵化服务
	链接第三方资源、组织资源优势、发挥网络作用、声誉、建立网络关系、发起建立网络、建立信任	极速对接给有刚需需求或高频需求的中小企业，所扮演的正是连接原来客户的"黏合剂"或"媒婆"
		行业龙头企业、学校、科研机构、投资机构、银行券商、创业服务机构、媒体等合作伙伴有上百家，聚集了大量科技服务、金融、产业等资源，真正成为了一个创业服务的开放平台
		致力于建设"政、产、学、研、用、资、创"等"七位一体"的创新体系，囊括地方政府、产业/上市公司、高校、研究院所、企业/用户、资金/基金、创业团队等多方资源

续表

范畴	概念	原始语句举例
协同获取网络资源	链接第三方资源,组织资源优势,发挥网络作用,声誉,建立网络关系,发起建立网络,建立信任	迅速地弄明白(在孵)行业里"大佬们"的情况,跟他们建立联系,那我们就会很容易获得资源
	关键资源	我们发现,给新创业项目和初创企业找到天使客户是最关键的资源
提升网络位阶	孵化器品牌,孵化器能级,连锁经营,孵化器级别	要做广告,知名的孵化器很有优势,很多资本也找到知名的孵化器要项目,孵化器有名气的话,很多有价值的渠道很快就会被建立起来了
		鼓励孵化器连锁经营
		孵化器最强的市场竞争力,其实就是品牌
		申获国家、省、市、区孵化器
	宣传孵化器,改变网络位置,网络位置收益,参赛	领导莅临孵化器调研参观,重要媒体宣传
		只要参与成本不高,我们都积极参与政府、孵化协会和其他组织的活动,露个面,让大家都知道我们孵化器,不参加的话,人家不知道你的存在,很多资源你就得不到
		参加双创大赛,以赛代评活动

续表

范畴	概念	原始语句举例
强化投融资服务资源	投资项目,孵化基金	好的项目,我们都会投资,有时以租代投,但更多是用孵化基金投,毕业就退出
	多种方式投资,资本链	通过投资,入股,合作等方式,布局从天使、VC、PE、并购等基金,完善资本链
	与风投合作,投资信息	跟风投机构的很多合作,我们给那些机构提供很多投资信息,很多投得很成功
	获取股权,直接投资	致力于通过直接投资,服务或房租交换的方式获取孵化企业的股权
	多种方式融资支持,母基金、子基金,引导基金	为不同成长阶段的企业提供了从种子基金,天使投资到风险投资基金,产业并购基金,上市公司平台等一系列投融资支持
		由政府出资平台合资产业基金公司,企业以及其他社会资本共同出资成立产业引导基金,通过引导基金作为母基金,吸引有实力,有资源的子基金落户,与各类社会资本共同投资支持地方产业孵化,用市场化的方式推动地方优质产业落地发展
优化孵化服务组织	组织内部优化,管理层调整,提升内部能力,组织定位变化,组织结构设计,运行团队	我们孵化器是自负盈亏,自主经营的
		我们孵化器建立了现代企业制度
		完善经营管理层的委托——代理关系
		完善激励制度
		对在孵企业服务需求分类,组建专门团队负责到底
		对组织内部的管理模式,组织结构,工作流程,人员等方面进行变革与创新
	精简	裁减非核心业务人员,精练孵化队伍

续表

范畴	概念	原始语句举例
优化孵化服务	改革组织、组织变革、组织结构调整	我们是国有孵化器,但一直设法理顺与国企母体的关系
		我们是事业单位举办的孵化器,也一直尝试理顺与事业单位母体的关系
		我们在高新区,但我们是民企,政府部门和孵化器协会就是给我们提供服务,不干涉我们的经营管理
	组织运行机制、市场导向	以市场为导向,以项目为依托,以企业为主体,通过科技咨询,成果转化,联合申报项目,共建新型研发机构,技术入股或投资等方式开展技术创新与产品创制,建立关键共性技术研发、成果转移转化,产业化推广应用运行机制
服务企业全生命周期	全程孵化服务、价值链延伸规划	形成了一个包括创业培训,创业苗圃,种子遴选,初创企业孵化,投融资服务,辅助上市,毕业后跟踪服务的全生命孵化链条
		只要是我们这里孵化的企业,无论在何时何地,都能享受在孵时有求必应
		即使毕业,这里也是企业的"娘家",我们对毕业企业也是有求必应
		通过对接产业资源等方式伴随企业一路成长
	企业加速孵化、加速器、合作加速	我们不是一毕业就赶人的做法,而是以独栋厂房的形式,为不同阶段,不同生命周期企业提供全程服务,或者联系到合作的加速器或产业园,继续提供服务
		无论在孵企业还是毕业企业,我们一直跟踪调查它们的服务需求,提供无差别的服务

续表

范畴	概念	原始语句举例
培育一体化服务链条	虚拟孵化、线上线下孵化	集政策、科技、金融、人才、产业"五位一体"的企业孵化服务体系将上和线上和线下相结合，形成一种较稳定的离线孵化，创新办虚拟孵化器
	全程孵化、孵化育成体系、四位一体化服务	打造了从"众创空间—孵化器—加速器—产业园"全链条科技企业孵化成体系
		利用"孵化服务+创业培训+天使投资+开放平台"四位一体的方式，拓宽孵化宽度，可为创业者提供多角度全方位的创业服务
		针对创业对人才、融资、辅导、营销和资源的需求，帮助创业者充分对接各方资源，提供全要素立体孵化加速服务
	全程孵化	优质企业毕业后，我们继续提供空间，提供加速器的孵化服务，不是毕业就走人
	一企一策孵化	针对不同技术和产业类别企业需求，专人提供包括创业辅导、融资对接、顶层设计、研发创新、天使客户开发、财税法务等服务，实现"一企一策"
	一站式服务	构建了一个"一站式企业服务资源速配超市"，从基础的行政、工商财法，到营销推广、企业培训、人才招聘、技术支持等高阶需求，都可以一站式解决
升级服务价值链	基础服务、改善硬环境、改善软环境	原来提供基础物业服务、物业的服务商质量很好，另外还提供一些基础配套，包括食堂、咖啡吧、视频会议室、多功能会议室、活动空间等，还有自助快递柜、自助洗车等服务
		孵化器的硬件和服务环境越来越好，越来越被符合高端创业人才的口味
		这些高端企业都是高级知识分子聚集的产业，所以需要整个办公环境要非常优美，如果是遥遥遥遥的环境，谁愿意来你这里
		在国内孵化器市场日益同质化的今天，创新已经成为其发展的必然因素，打造良好的服务环境可以提升创业者对孵化器的忠诚度与黏度，让孵化器进入良性运转的态势，进而增加其持续盈利的可能性

续表

范畴	概念	原始语句举例
升级服务价值链	增值服务，满足多元需求	"二房东"式的孵化器不是孵化器，要提供真正的增值服务
		很多创业者很注重办公环境和孵化的增值服务，所以要把它做好
		围绕初创企业公司融资产生的法律咨询、税务规划、股权规划、人力招聘支持、行政支持等方面的投前及投后服务完整生态链
		形成"基础服务+增值服务+专业服务+公司创新"的多层次、全方位孵化服务
		互联网+、知识产权保护、智能硬件、金融服务，企业加速服务等领域
	孵化服务标准化	行业内确立了落地有效的标准化体系：从管建、装修、到服务；从管理、营销到合作，都进行了系统梳理，让后续都有据可依
		我们孵化器对每一项服务都有标准，这个标准主要从孵化服务的时效、成效和满意度来评价，而不是刻板，甚至死板的服务过程评价
	服务与时俱进，孵化需求变化	现在技术进步快，信息传递快，所有的东西变化太快，在孵企业的服务需求也在不断变化，孵化器怎么能够跟上这种快速迭代的过程？我们也必须做出深刻的思考，跟上市场需求的变化
		推动全方位硬科技孵化开放合作
		为创业企业提供投后管理、商业模式打磨、人才引荐、天使客户、市场拓展等增值服务，让企业集中精力搞研发生产

125

续表

范畴	概念	原始语句举例
同类企业孵化	龙头企业参与孵化、关联度、渐进专业化	根据孵化器的主导产业，找到该行业龙头，深度合作作为在孵企业提供服务，特别是供应链的服务
		鼓励龙头企业根据自身产业优势举办专业孵化器
		首先做做战略的定位，我们做孵化器，第一步选择做专业产业孵化器，然后选择一个产业，做产业链图谱，按图索骥精准招商或引进创业团队，招来的都是同一产业链的企业或创新创业项目
		我们的孵化器的产业链条，不是一开始就成形的，而是根据在孵企业和创业者的产业链供应链特点，为他们匹配产业链供应链服务，最后做出一点一点做起来的
		从孵化器内的龙头企业进行突破，以点带面形成产业链，形成产业链式成群发展，最后让这些企业能够伙伴式成群发展
		着力引进孵化器主要技术领域的龙头企业，充分发挥龙头企业的创新资源、市场渠道，供应链体系的带动优势，形成"以大带小"互促机制
	同类人才聚集	高端创业和人才要找伙伴的，签入孵企业前他也要看看有没有同类的伙伴或企业
产业孵化	产业生态、聚集度、引导聚集、孵化链、产业链	孵化器形成产业链条后，整个孵化器就构成了一个完整的产业链生态
		依托产业园的龙头企业，围绕龙头企业产业链上下游企业开展孵化培育，形成产业生态
		累计孵化引进同一产业领域科技企业超过20家，企业的技术和产品都聚焦这个产业的细分行业

续表

范畴	概念	原始语句举例
产业孵化	产业生态、聚集度、引导聚集、孵化链、产业链	最终打造成以高附加值、高税源、高发展的"三高"企业集聚地
		通过搭建孵化平台，聚焦特定产业（技术）领域，为创新者、创业者与初创企业、中小企业嵌入产业链，提供全链条孵化育成服务，进而孕育或加速新兴产业成长
		产业孵化要将创新链与产业链结合起来，整合工业设计、研究开发、中试和检测、原材料生产、零部件供应、定制生产、规模制造、市场营销、知识产权运营以及科技成果转移转化等功能，串接起区域产业孵化的载体功能
新兴产业孵化	新兴技术成果转化和产业化、配套技术服务	通过科技成果转化，积极布局新兴产业和未来产业，能够为区域和园区培育重要的产业增长引擎
		高水平科研人员主导，依托成体系的试验装置，有较高失败率，需要持续资金投入
		技术人员主导，依托检验检测等配套服务设施，量产收益可观，受资本的青睐
	战略性新兴产业、新兴技术领域	一是卡脖子领域，这个是科技领域重点突破方向，未来增长潜力巨大，一旦自有企业突破，将迅速占领国产市场；二是国产替代领域，目前处于加速演进阶段，是国家重点扶持方向，市场也支持，发展机遇众多
		我们对这些领域的孵化很感兴趣，也培育了好几个项目
		重点关注半导体设备和材料、显示材料、高端机床、工业机器人等热门领域，其中，像工业机床、片式多层陶瓷电容器（MLCC）、溅射靶材、光学镀膜等领域
		市场化程度高"硬科技"领域

续表

范畴	概念	原始语句举例
未来产业孵化	原始创新,长期孵化,孵化耐心	科学家级别科研人员主导,依托成体系的研发实验装置,研发周期长,成功率低,长期资金投入,基本无收益
		我们有不少高端项目,特别是生物药的项目,需要很长的时间来做,要有耐心
	风险大,规避风险	我们民营企业孵化器压力大,还不敢布局那些短期内没法产业化的高大上的项目
		这些东西风险大,还是国资来做更好
自我生存能力	市场定位,单一孵化业务,收入来源单一,稳定收入来源	我们的收入主要包括房租,物业管理费以及少量出售型物业等
		服务类收入在租金类收入逐渐走低的趋势下,孵化机构开始把盈利重点转移
		政府补贴也减少了,要靠自己
		政府项目都申报,但主要靠租金和服务收入支持运营,政府补贴可有可无
		稳定的,可满足运营所需的收入来源很重要
收入来源多元化	收入来源多样化,复合商业模式,商业模式创新,持续创新,商业孵化,孵化器盈利	通过各种渠道方式分享企业一定比例的股权,在企业毕业后,通过资本运作,出售所占有的股权以实现资产增值
		输出孵化服务,增加收入
		我们做技术服务补贴孵化器运营成本
		一直想办法增加孵化器收入,拓宽收入来源,仅孵化初创企业的话,风险很大,而且这些企业也不稳定,说不定哪天就会走人

128

范畴	概念	原始语句举例
收入来源多元化	收入来源多样化、复合商业模式、商业模式创新、持续创新、商业孵化、孵化器盈利	对内对外提供各种收费性的增值服务
		提供综合型的商务服务外包服务赚取服务费用
		孵化器在做好包服务的前提下,必须想方设法盈利
		嘴上说靠奉献、靠情怀做孵化器不靠谱,如果没有足够的收入支持,你拿什么来做孵化?嘴上说靠奉献、靠情怀做孵化器的都是政府或老板在背后大量烧钱给他

三、主轴式编码形成的主范畴

主轴编码的主要目的在于发现与建立类属之间的关系，以对现象形成更精确且更复杂的解释。典范模型是主轴编码的有力工具，即产生所分析现象的条件、这个现象所具有的脉络、在现象中行动者为了执行、处理而采取的策略与采用策略后的结果，来帮助将各范畴联结起来。借助这一典范模型，可以对资料进行系统梳理，将开放性编码中的 20 个基本范畴聚类形成 6 个主范畴和 1 个核心范畴，具体见表 5-4。

表 5-4　主轴编码形成的主范畴和核心范畴

核心范畴	主范畴	基本范畴	基本范畴内涵
科技企业孵化器高质量发展	确定方向	专业技术领域孵化	在孵化对象、孵化条件、服务内容和管理团队上实现专业化，围绕某一特定技术领域培育和发展具有技术特长或核心优势的企业
		专业领域服务	聚焦于特定产业技术领域的一个或几个细分的关联产业并提供精细化孵化服务以积累起自身在这一领域的核心孵化优势
	精选种苗	提前介入选苗	将入孵项目选择服务前移至概念验证阶段
		保证种苗来源	稳定而持续的优质项目是保证孵化器高质量发展的源泉，如何获得优质项目是孵化器高质量发展的初始起点
		保证种苗质量	行业技术机会多、发展前景好，与区域发展战略相匹配的创新创业项目
		选择技术关联项目	在孵化企业之间的技术关联性越强，孵化器内企业间的联系越密切。在孵企业这种内在的技术关联强化了孵化器了孵化的创新孵化能力，大大提高了孵化器发展的质量
		嵌入网络	没有任何一个孵化器可以完全自给地形成生存所需的关键资源，为此，孵化器必须和外部环境发生交换
	有效动员资源	协同获取网络资源	通过提供孵化服务和协同利益相关主体间的资源实现价值增值的过程，涉及科技型孵化器的整个孵化链条，包括孵化活动的组织、内部运营体系的支持和第三方主体间的协同，通过协同实现孵化资源投入孵化
		提升网络位阶	网络位阶（网络位置）改进是孵化器充分利用孵化网络参与者及其所构成的网络，通过创新活动占据有利的网络位置，推动孵化器孵化服务升级，在孵化网络位阶获得阶段收益，推动孵化器投融资和孵化服务升级
		强化投融资服务资源	资金是初创企业的命脉，一定意义上讲，在孵企业获得资金和孵化投融资服务的难易程度和孵化资金的生存状态和孵化绩效，决定在孵企业的生存及能力、水平及能力，决定在孵企业的生存状态和孵化绩效，可持续发展能力

续表

核心范畴	主范畴	基本范畴	基本范畴内涵
科技企业孵化器高质量发展	高效运营资源	优化孵化服务组织	组织优化主要是指孵化器在外部生存压力和内部组织能力局限的双重影响下，对组织内部的管理模式，组织结构，工作流程，人员等方面进行变革与创新
		服务企业全生命周期	在生命周期不同阶段，决定企业生存和发展的关键要素存在差异，由于不同企业在生命周期不同阶段的资源需求差异，这就需要孵化采用差异孵化的形式，为处在不同生命周期的企业提供对口服务
		培育一体化服务链条	面向不同发展阶段的创业企业提供的创业孵化服务从"种子期—初创期—成长期—扩张期—成熟期—老化期"全生命周期的创业孵化服务，构建"众创空间（创业苗圃）—孵化器—加速器—产业园区"全链条孵化培育体系，形成了从团队孵化到企业孵化再到产业集群的一体化孵化培育链条
		升级孵化服务价值链	孵化器提供的五个层次的服务依次攀升就是一种价值链攀升的过程，也是价值链攀升的过程环环相扣的价值增值过程
	同类企业和产业孵化	一批同类企业孵化	孵化一批同一技术领域的高新技术企业
		关联技术企业聚集孵化	产业孵化是以专业技术孵化器为基础，在同类技术产业聚集孵化基础上，以技术平台，技术经营，技术转移，技术成果产业化为依托，不断帮助孵化企业延伸产业价值链的同时，致力于专业化产业集聚到专业化产业集群和创新集群的全链条，全方位服务过程
		战略性新兴型产业孵化	聚焦战略性新兴产业孵化，打造专业化创新集群
		未来产业孵化	未来产业往往是重大科技创新产业化后形成的，更能代表未来科技和产业发展的新方向，是对经济社会变迁起到关键作用，支撑性和引领性作用的前沿产业。因此，高质量孵化器需要提前布局并抢抓未来产业需求

续表

核心范畴	主范畴	基本范畴	基本范畴内涵
科技企业孵化器高质量发展	可持续商业模式	自我生存能力	孵化器在没有政府资金扶持的条件下,能够获得赖以生存和发展的利润,确保孵化器规范有序,合理健康运行的一种能力
		收入来源多样化	除了孵化场地租金外,还能通过孵化器的投资、服务、品牌和资源获取其他收入

四、选择式编码形成的关系结构及其内涵

选择性编码的主要目的在于找出"主范畴"（核心范畴），主范畴可以系统地与其他范畴相互联系，形成以此为中心的相互支持的逻辑关系，这一逻辑关系可以用来说明整个研究的内涵，即形成了"扎根"的理论。

本书主要是关注孵化器从创业成长开始是如何实现高质量发展的，也可表述为如何向高质量发展演化或实现高质量发展的路径是怎样的。

表5-5 范畴、主范畴和核心范畴的典型关系结构

核心范畴和主范畴关系结构	范畴和主范畴关系结构的内涵	代表性原始语句（提炼出的关系结构）
确定专业孵化领域——孵化器高质量发展	专业领域的在孵企业聚集，形成小型化创新型集群，同行之间资源互补，互为客户，持续的创新吸引更多更高端资源和人才，推动孵化器高质量发展	必须走专业化道路 我们都知道不做专业孵化器没出路 专业孵化器有更大的优势
精选孵化种苗——孵化器高质量发展	稳定而持续的优质项目是保证孵化器高质量发展的源泉，如何获得优质项目是孵化器高质量发展的初始起点	孵化种苗最关键，种苗不好，你有再多的资源也没办法孵化 孵化企业能否生存更多靠企业自身条件决定的，而不是孵化条件决定的
有效动员孵化资源——孵化器高质量发展	孵化器的高质量发展建立在其控制自身和获取外部资源的能力基础上，没有任何一个孵化器可以完全自给地形成生存所需的关键资源。因此，是否能够有效动员内部、外部孵化资源为在孵企业提供服务是孵化器高质量发展的资源基础	我们自己资源有限，肯定要联合其他机构来做孵化 必须要加入孵化网络，想方设法获得更多孵化资源 我们千方百计联系投资机构
高效运营孵化资源——孵化器高质量发展	高效运营孵化资源就是将动员到的孵化资源给在孵企业赋能孵化，提供种苗高质量成长，这是孵化器高质量发展的必经阶段	目前情况下，优化内部服务，专人一对一服务 最主要是给在孵企业赋能，企业敢用资源，那就很容易成功

续表

核心范畴和主范畴关系结构	范畴和主范畴关系结构的内涵	代表性原始语句（提炼出的关系结构）
同类企业和产业孵化——孵化器高质量发展	孵化出一批同一技术领域的高新技术企业，最终在孵化器内形成一个小型的创新型产业集群是孵化器高质量发展的最重要标志	不能打游击式的孵化，失败教训太多了，要孵化同类技术企业 我们根据发展最好的几家企业，看他们需要什么配套企业，就想法引进来
可持续商业模式——孵化器高质量发展	持续稳定的，能够保证孵化器持续运营的收入来源是孵化器高质量发展的经济条件，而这是由孵化器可持续的商业模式决定的	孵化器不以盈利为目的，但必须盈利，没盈利那怎么活下去？自己活不下去还谈何孵化别人 一定要找到合适的商业模式，否则很难活下去

136

五、案例孵化器高质量发展的证据

多年来，案例中的各家孵化器遵循孵化器高质量发展的路径，扎实开展孵化工作，取得了显著的孵化成效，案例孵化器取得的成效如表5-6所示。

表5-6 案例孵化器高质量发展的绩效

孵化器名称	成立时间	孵化器主要行业领域	在孵企业数（家）	累计毕业企业（家）	园区荣誉	累计孵化高企、专精特新等企业数量（家）
广州市高新技术创业服务中心	1993年	电子信息	63	557	国家级科技企业孵化器，国家小型微型企业创业创新示范基地，中国大学生创业园，国家大学生科技创业见习基地	累计孵化高企80余家
莱迪生命健康城	2010年	生物医药、大健康	229	92	国家级科技企业孵化器，广州市创新创业（孵化）示范基地，广州市提质增效产业园试点单位，广州市新的社会阶层人士统战实践创新基地示范点，广州市黄埔区新的社会阶层人士统战工作实践创新基地	高企:61 专精特新:26
广州市3D打印产业园	2011年	先进制造	58	50	国家级科技企业孵化器，广州市首批提质增效试点园区，广州市科技与金融工作站，广州市高新技术企业创新园区	高企:38 专精特新:4
启盛会展产业园	2012年	会展经济科技创新	102	95	国家级科技企业孵化器，中国孵化器50强	高企:58 专精特新:4 规上:36 上市:3

138

续表

孵化器名称	成立时间	孵化器主要行业领域	在孵企业数（家）	累计毕业企业（家）	园区荣誉	累计孵化高企、专精特新等企业数量（家）
华南新料创新园	2013年	新材料	129	169	国家级科技企业孵化器 国家级众创空间 国家小型微型企业创业创新示范基地 中国创新创业成果交易会会（创新创业孵化类） "科创中国"创新创业基地（创新创业孵化类） 广东省小型微型企业创业创新示范基地 广东省"黄埔有机高分子材料中小企业特色产业集群"运营管理机构 广东省创业孵化示范基地 广州市特色产业园区 "科创中国"创新枢纽城市建设市级试点园区 广州市创新创业孵化（孵化）示范基地 广州市科技企业孵化载体"以奖促评"一等奖 第一届广州市科技企业孵化载体（孵化器）"四化"榜单——"最具专业化榜" ……共80余项荣誉资质	高企：168； 各级专精特新：80

续表

孵化器名称	成立时间	孵化器主要行业领域	在孵企业数（家）	累计毕业企业（家）	园区荣誉	累计孵化高企、专精特新等企业数量（家）
白云电气孵化器	2014年	绿色智慧能源	98	27	国家级科技企业孵化器（专业型） 中国创新创业嘉年华空间 中国百家科创园区 科创中国试点园区 广东省模范型微创新型创业创新示范基地广州市创新创业（孵化）示范基地 广州市提质增效示范园区 广州市特色产业园 广州市中小企业服务站 广州市青年创业就业基地 广州市科技金融工作站 广州市甲级商务写字楼 广州市绿色工厂 零碳数智楼宇试点单位 白云区科技成果转化工作站	四上企业:21 高新技术企业:20 各级专精特新:10

140

续表

孵化器名称	成立时间	孵化器主要行业领域	在孵企业数（家）	累计毕业企业（家）	园区荣誉	累计孵化高企、专精特新等企业数量（家）
达安创谷生物医药健康产业专业孵化器	2015年	生物医药	66	126	国家级科技企业孵化器 国家级众创空间 首批国家专业化众创空间示范单位	各级专精特新:20 各级高企:61 上市企业:9 新三板企业:13
易翔科技园	2015年	智能装备、计算机通信和其他电子制造业	42	31	国家级科技企业孵化器 国家级科技企业孵化器培育单位 广州开发区科技孵化器认定单位 广州市青年就业创业孵化器登记单位 广州青年就业创业孵化基地认定单位 广州青年众创空间青年创业指导工作站	海外上市:1 高企:19 省级专精特新:7 规上:10 独角兽企业:2 瞪羚企业:6

续表

孵化器名称	成立时间	孵化器主要行业领域	在孵企业数（家）	累计毕业企业（家）	园区荣誉	累计孵化高企、专精特新等企业数量（家）
盛达电子信息创新园	2015年	数字创意	67	63	国家级科技企业孵化器 广东省文化和科技融合示范基地 广东省省级文化产业示范园区 广州市提质增效试点园区 2023 粤港澳大湾区营商环境创新实践——年度优秀产业园 广州最具价值文化产业园区 10 强 天河优创——领航孵化器	高企:53 科技型中小企业:53 专精特新中小企业:8

续表

孵化器名称	成立时间	孵化器主要行业领域	在孵企业数（家）	累计毕业企业（家）	园区荣誉	累计孵化高企、专精特新等企业数量（家）
励弘文创旗舰园	2016年	数字体验制作技术	41	20	先后获得了国家省市区超20个党政部门授予荣誉和奖项超30项。包括"国家级科技企业孵化器""2021年度中国技术创业协会科技创业孵化贡献奖和科技创业导师贡献奖""2020中国百家特色载体""广东省文化产业示范园区创建单位""广东省版权兴业示范基地""广东省粤港澳科技企业孵化器""广东省'2021年度岭南好企业'酷园区""广东省中小企业志愿服务工作站""广州市港澳合青年创新创业基地""广州市文化产业示范园区""广州科学技术普及基地""广州市十佳优秀产业园区""十大VR/AI创新应用"等荣誉	高企:16 专精特新:9

续表

孵化器名称	成立时间	孵化器主要行业领域	在孵企业数（家）	累计毕业企业（家）	园区荣誉	累计孵化高企、专精特新等企业数量（家）
金颖农科孵化器	2017年	现代农业	83	33	国家级科技企业孵化器 国家级星创天地 国家技术转移示范机构 全国农村创新创业实训基地 广东省专业孵化载体试点单位 广东省农村创新创业星创天地 广东省高素质农民培育省级示范基地 广东省创业孵化示范基地 广东省现代农业产业技术成果转化基地 广州市优秀科技金融工作站 广州市中小企业公共服务示范平台 天河区产业孵化器等30多项荣誉资质	高企:36 省级专精特新:9 挂牌上市:14
骐丰科技园	2018年	电子信息	78	32	广东省科技企业孵化器 广州市天河区退役军人就业创业基地 覃巴镇骐丰科技园创新创业示范点 城北镇骐丰科技园创新创业示范点	高企:19

资料来源：以上数据资料截至2022年年底，所有数据资料均为案例企业自主申报，经研究团队整理，广州科技企业孵化协会和案例企业核对。

六、理论饱和度检验

目前看到的是随机选取覆盖 12 家孵化器的三分之二的资料（数据）进行编码分析得出的扎根理论结果。为了进行理论饱和度检验，对余下的三分之一的资料（数据）进行同样的编码分析，在分析过程中，经过反复比较，没有发现新的概念、范畴和关系，每个主范畴内部也没有产生新的概念。

第五节　科技企业孵化器高质量发展路径的广州范式

一、作为一种理论体系的"范式"

"范式"从本质上讲是一种理论体系、理论框架，因此，科技企业孵化器高质量发展的广州范式就是一种基于广州科技企业孵化器高质量发展实践的理论体系或理论框架。

本文遵循多案例研究步骤，归纳概括科技企业孵化器高质量发展的广州范式。

在定义问题和文献分析的基础上，提出了科技企业孵化器高质量发展理论构想，借助访谈、实地调查和样本孵化器近几年工作总结报告以及其他二手资料所获得的证据链，运用扎根理论的研究方法对所选择的多个案例进行了深入剖析，抽象形成广州科技企业孵化器高质量发展路径的理论，用于和原先的理论构想做对比分析。

二、科技企业孵化器高质量发展的广州范式

将前面的理论构想和基于扎根理论的多案例研究抽象生成的理论进行比对，科技企业孵化器高质量发展路径可概括为如下几个步骤。

第一步，定方向。事实证明，综合孵化器难以集中有限的孵化资源提高孵化质量和产出，根据分工专业化理论，专业技术孵化器是高质量孵化器发展的方向，因而科技企业孵化器高质量发展的第一步就是先确定方向，确定专业技术领域和专业技术服务。

第二步，精选孵化种苗。孵化器入孵企业的种子质量非常重要，是其实现孵化价值的关键环节。

第三步，有效动员资源。通过嵌入的方式，组建以孵化器为核心的孵化网络，提升孵化器的网络位阶，撬动足够的高质量孵化资源，保证高质量的孵化资源投入组合，提高孵化服务能力。

第四步，高效运营孵化资源，在优化运营组织的基础上，营运自有或撬动的孵化资源，提供全生命周期孵化、一体化孵化，根据企业具体需求，提升孵化服务价值量，提供高质量的孵化服务。

第五步，同类企业孵化和产业孵化并举。孵化产业的基础

要求孵化器先孵化高技术企业或者新技术企业或者未来技术企业，在此基础上孵化该技术产业链上的企业，聚集孵化，形成产业群，最后形成创新集群。

高质量发展五阶段中，虽然具体形式不一，每个步骤可能交叉或同时进行，但缺一不可。

三、科技企业孵化器高质量发展路径的逻辑框架

根据概括的理论，绘制出科技企业孵化器高质量发展路径的逻辑框架如图 5-2 所示。

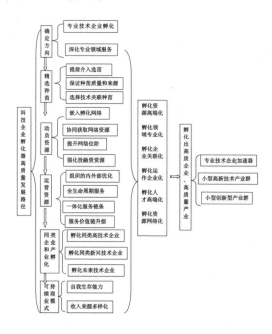

图 5-2 科技企业孵化器高质量发展路径的逻辑框架

（资料来源：作者根据本节内容绘制）

四、理论构想和基于扎根理论的多案例研究抽象的理论比对结果

在前述分析基础上，研究团队把原先提出的科技企业孵化器高质量发展理论构想和基于扎根理论抽象出的广州科技企业孵化器高质量发展路径进行对比验证。基于扎根理论的多案例的梳理与纵横向对比分析表明，在样本案例范围内，本文所提出的科技企业孵化器高质量发展理论构想和基于扎根理论抽象出的广州科技企业孵化器高质量发展路径的理论框架模型一致，案例研究证实了科技企业孵化器高质量发展的路径是有效的，在案例范围内的理论是可信的。

第六章

广州科技企业孵化器高质量发展多案例研究的其他发现

第一节 专业技术领域孵化是孵化器高质量发展的中间目标

一、专业技术孵化器促进产业聚集孵化①

多案例研究表明，专业孵化器促进创新链与产业链的融合，带动地方经济转型升级、加快高质量发展，奠定了专业孵化器构建产业融合发展生态的根基和生命力之源。在专业孵化器建设中提升产业孵化能力，既是孵化器能力建设的落脚点，更是体现孵化器社会价值的绩效点。产业孵化不仅是创业孵化行业的发展方向，还是培育战略性新兴产业和布局未来产业的

---

① 郭名勇. 新发展格局下专业孵化器建设的逻辑体系［J］. 科技创业月刊，2023，36（5）：37-41.

重要途径。专业孵化器增强产业孵化功能，要求载体通过搭建专业的孵化平台，聚焦特定产业（技术）领域，为创新者、创业者与初创企业、中小企业嵌入产业链提供全链条孵化育成服务，进而实现孕育或加速新兴产业成长成熟的目标。在这个过程中，孵化机构必须充分关注自身的服务优势、当地的创新创业生态、区域主导产业发展方向，围绕打通孵化链、创新链、产业链，找准孵化链在区域创新链和产业链融通发展中的定位，找到孵化服务与产业培育的结合点，整合调动孵化器自身聚集的孵化资源，聚焦当地主导产业、特色产业和新兴产业，面向细分市场实施精准孵化，把专业孵化器打造成新技术、新产业、新业态、新模式的策源地。

二、专业技术孵化器促进中小企业融通发展

多案例研究表明，专业孵化器有效帮助在孵企业低成本、无门槛获得外部创新资源，助力在孵企业有效融入市场、加快健康成长，是孵化器构建大中小企业融通发展生态的根本落脚点。专业孵化器通过搭建技术服务平台、营造创新生态、提升孵化能力，汇聚起促进大中小企业融通发展的动力源。在创业孵化领域推进大中小企业融通发展，需要政府和市场协同发力，进一步发挥高校、科研院所、大企业的作用，培育大中小企业融通型特色载体。引导孵化器以构建大中小企业融通发展的创新生态为目标，用好国家促进国家高新区高质量发展、支

持优质实体经济开发区打造大中小企业融通型特色载体、发展专精特新企业、开展"携手行动"促进大中小企业融通创新等支持政策，帮助科技型初创企业积极融入大中小企业融通发展生态，提高专业孵化器的"专精特新"孵化能力，通过完善全链条孵化体系，助力初创企业走专业化、特色化发展道路，参与中小企业强链补链固链稳链行动，为培育壮大地方特色产业做出孵化器贡献。

三、专业技术孵化器有助于创新产业集群的形成

多案例研究表明，专业孵化器有利于吸引本专业范围内的优势项目，有利于聚集本专业领域专家的优势力量，有利于形成具有本地区特色的产业集聚。当集群区域内部聚集了大量从事类似创新活动的企业时，这个有着技术相似性的企业群体能够高效共享知识的外溢效应。相较于集群外的企业，新企业也能够更容易从集群环境吸取其必要的技术和知识。同一专业企业在专业孵化器的集聚，还可以降低产业配套的难度、强化专业人才之间的交流、增加各类专业设备的可复用性。同一专业企业数量的不断增加与企业规模的不断成长，有效促进专业孵化器规模效应的形成与竞争力的提高，有效带动在孵企业由松散的产业集聚演变为创新型产业集群。

第二节　孵化器高质量发展需要杠杆化利用外部资源

我们在案例资料收集和分析中发现，这 12 家典型案例中，有不少孵化器自身物理空间内并没建成专门的专业技术服务平台，没有相应的实验室、小试、中试平台等硬科技孵化服务的设施设备，甚至某些孵化服务资源不足，但这些孵化器又能够完成专业技术孵化和产业孵化，是不是专业技术服务平台或专业技术孵化器对硬科技产业孵化不重要？这又怎么解释呢？我们通过深入分析发现，不是专业技术服务平台或专业技术孵化器不重要，而是这些孵化器通过杠杆化利用孵化网络资源，为这些企业提供孵化服务。

一、杠杆化利用外部资源是孵化器加速发展的重要手段

"杠杆"一词源于物理学概念，是指用较小的力就能撬动较大、较重的物体，而企业追求的理想目标就是用较少的资源获得较大的收益。资源杠杆是指处于企业网络中的企业利用自有资源和企业网络管理能力，撬动并使用企业外部资源，形成和保持核心竞争力的战略运营模式。

资源杠杆的支点是指孵化器网络资源动员管理能力。高质量发展的孵化器要构造一个省力的资源与能力杠杆，实现以较

少的自有资源撬动更多的外部资源。高质量发展的孵化器需要构造的资源与能力杠杆由以下内容组成:①

自有资源:孵化器、风险投资和科技中介服务等;

外部资源:物质资本、金融资本及人力资本、与孵化技术紧密相关的上下游企业、技术平台、孵化器、产业园等;

支点:高质量孵化器的网络资源动员管理能力——建立通往政府、产业、高校及研究机构、中介机构等的广泛渠道和接口以获取孵化资源。

案例中的孵化器杠杆化策略通过孵化器内部吸收提炼或者资源外部借用,将分散于社会网络中的各种资源加以整合和杠杆化应用,能够使企业打破资源瓶颈的束缚,实现资源更有效的积累,通过资源整合,如合作、合资、共投、共享、战略联盟等手段,使用自身较少的资源撬动更多的孵化资源,创造更高的价值。资源杠杆化应用是自身资源不全或资源较少的孵化器实现"以小博大"、加速孵化器扩张的一种有效手段,不仅能够加快孵化器自身发展速度,为吸引质量孵化项目赢得资源优势,还能够更快实现产品孵化和产业孵化,推动孵化器实现升级发展。

---

① 左莉.高技术产业二次孵化模式及评价研究 [D].大连:大连理工大学,2009.

二、资源杠杆有效弥补自身孵化资源的不足

从广州，乃至全国的科技企业孵化器运营的现状与问题来看，可以说，把孵化器囿于特定的物理空间，在该物理空间封闭运行是困扰孵化器发展的一个主要原因。这一模式其实是小农思维，即强调企业孵化器"麻雀虽小，五脏俱全"，企图使孵化器能够"直接"提供新创企业需要的各种服务资源，而忽视了孵化器发展的现实能力，特别是专业技术孵化器需要大规模的投入的事实。因此，在产业孵化体系的建设中，要从企业孵化器的封闭物理空间、封闭系统中跳出，从更加宽阔的视野去延揽资源，为我所用。核心理念是对外部的孵化资源，"不求所有，不求所在，但求能用"，以"整合内部孵化资源、吸纳外部孵化资源、丰富可用孵化资源"为目标，采用"孵化载体+平台建设"的方式，通过网络资源合作与动员管理能力建设实现外部资源为我所用。

其基本思路是孵化器并不需要直接拥有所需的各种资源，而只是一个为企业服务的特殊的平台组织，通过孵化器的中介作用，在整个孵化网络中搜索（购买或合作或推荐）各种可用资源，通过市场化或合作等方式，以满足新创企业的各种需要。这种情况下，拥有整合市场上各种孵化资源的能力就成为孵化器的关键能力。

在整个孵化服务网络中，孵化器处于网络中心节点，通过

利用孵化网络资源，而不只是依靠孵化器自己的能力和资源为企业提供服务。

构建高质量孵化器的资源与能力杠杆，关键在于建立高质量孵化器的关系网络，提高网络资源动员与管理能力。网络资源动员与管理能力建设就是加强孵化载体与各主体的组织协调能力，把孵化器融入地方孵化资源网络系统。

这就要求孵化器与各资源主体建立广泛的联系，从而引入各种资源为我所用，特别是加强市场拓展与投融资服务，充分撬动孵化器网络资源，为以较少的自有孵化资源撬动无限的外部资源提供了可能。

第三节　科技企业孵化协会发挥重要作用

一、作用的证据

在对 12 家孵化器实地调查的访谈中，涉及广州科技企业孵化协会的内容累计 19 分钟，有关孵化协会作用或角色的表述原始语句有 216 句，剔除重复部分整理如表 6-1 所示。

表 6-1　广州科技企业孵化协会发挥作用的证据

范畴	概念	原始记录
沟通和桥梁	政府与企业之间的桥梁、向政府传达企业诉求、会员桥梁、孵化资源桥梁	协会的公共服务平台为我们深入了解政府的法律法规和各项优惠政策提供了有效途径
		通过孵化协会了解了其他科技部门的补贴奖励政策
		我们对孵化行业发展好的建议和意见经常通过协会提出,反馈给主管部门
		我们通过孵化协会相信其他会员提供的重要信息
		通过孵化协会信用体系,我们更相信其他协会成员的合作能力
		有孵化协会这个中间人,我们跟其他投资机构有更多交流
		孵化协会通过举办各类活动有效促进了我们与其他协会成员间的合作
		我们通过举办各类活动促进在孵化企业之间的交流与合作
		参加孵化协会组织的活动,结交更多孵化圈的朋友
组网	社会网络中心、孵化网络发起者	能有效地与各会员之间参与研讨交流
		协会的创业导师平台为我们的在孵企业提供了十分有效的帮助
		市孵化协会给我们提供了专业的帮助,提升了我们的孵化能力

续表

范畴	概念	原始记录
协调	制定行约行规、制定标准，协调行为	我们认为孵化协会制定的协会章程和管理办法行之有效
		孵化协会有助于我们和合作伙伴间的规则和合同的实施
		协会制定的孵化服务的一些措施和标准，有效协调市孵化行业各孵化器之间的经营行为
公正	第三方服务、资格审查、公正、中立	市协会平台好，不唯利是图，真正为会员服务
		做绩效评估和市孵化器认定评审很公正，不乱来
		从不刁难我们
统计和行研究	本行业统计、行业调查、行业研究、行业报告、行业建议	我们积极配合市孵化协会工作，做好统计，不作假
		我们的数据都会如实上报给协会
		督促我们做好统计，利于发现我们的长短板
		孵化协会每年做全市孵化中创发展总结报告，我都很认真看，总结很到位
		协会做那个研究报告对行业很有帮助
		市协会没啥钱，但他们很认真做那个年终总结报告和市孵化行业发展报告

157

续表

范畴	概念	原始记录
	提供资源	通过协会公共服务平台，我们大大提高了对在孵企业的孵化效率
		孵化协会搭建的公共服务平台能显著提高我们的资源集聚能力
	提供培训服务	通过协会的公共服务平台，我们能显著提高自身的团队建设水平
		协会为我们孵化器的建设提供很多有益者的建议
	提供帮助会员	协会直接协助我们申报各类孵化器资质
赋能		通过孵化器协会的帮助，我们在创业苗圃和加速器方面的建设水平得到了显著提高
	赋能会员	通过协会的帮助，我们获得市级以上政府部门支持的各类项目和荣誉的数量显著提升
		通过孵化协会的帮助，我们的毕业企业数量明显增加
		能第一时间获悉孵化行业的相关资讯，能及时掌握孵化器行业的相关政策及动态
		提升自己单位的孵化与管理水平
		市协会促进了与会员之间资源共享，扩大市场
		市协会对孵化行业的系列培训提高了从业人员孵化管理水平

158

二、作用概括

(一) 沟通和桥梁

广州科技企业孵化协会是政府与孵化器之间的桥梁，是孵化器向政府传达诉求的重要渠道。更是会员与会员之间交流的桥梁和平台，也是孵化器链接外部孵化资源的重要平台。它还利用与地方政府之间密切的信任关系，为孵化器和在孵企业从地方政府那里获取更多的政策和资金支持提供了有效的桥梁和通道。

(二) 组建孵化网络

广州科技企业孵化协会是广州市孵化网络的中心，也是孵化网络组网的发起者，通过不断吸收新成员的加入，壮大广州科技企业孵化网络。孵化协会作为区域科技孵化网络多中心治理的重要中间机构，为孵化器和在孵企业提供了外部社会资本的集成平台，有效弥补了单个主体资源和能力的不足。

孵化协会不仅为网络主体之间信任关系的建立提供了桥梁和通道，而且还利用自身的信用体系、协会章程和管理办法，为网络主体之间信任关系的维持提供了有力保障。孵化器通过加入协会，也加强了在孵企业和相关辅助性主体之间的联系，提升了它们之间的信任水平，使在孵企业更加容易获得各种创业支持。

通过孵化协会的平台化聚集效应，不同层次、不同类别网络节点之间的互动频率会比处于网络外部的节点高很多，由此不同节点的资源诉求通过网络关系有效传递。各类节点在充分了解其他节点资源诉求的基础上，可以有针对性地传递与其发展要求相匹配的资源，从而提高网络的整体运行效率。

（三）协调

广州科技企业孵化协会在制定行约行规、制定标准和协调会员行为方面起到重要作用。特别是孵化协会制定的协会章程和管理办法，具体包括协会的性质、业务范围、活动原则和对会员的各项管理规定等，增强各类会员对协会的认同感、归属感，在孵化行业中起到协调作用。

（四）第三方服务

广州科技企业孵化协会在很大程度上承担了对区域科技孵化产业进行公共事务管理的责任，特别是为孵化器提供第三方服务、资格审查，做到公正、中立。

（五）行业统计和研究

广州科技企业孵化协会承担本行业统计、行业调查、行业研究，撰写年度行业报告，提出孵化器行业发展建议。

（六）赋能孵化器

广州科技企业孵化协会作为会员性的非营利组织，以搭建公共政策、投融资、技术转移、创业导师、创业创新培训、创新创业孵化人员培训、创新创业路演活动组织等公共服务平台的形式，有效整合地方政府、孵化器、大学、投融资机构、科研机构及在孵企业等不同层次的网络主体资源，对孵化器宏观、中观、微观高质量发展都做出了实质性的贡献。

第四节 12家孵化器的硬科技企业孵化经验有效

专业技术企业孵化器对硬科技产品的孵化与产业化是孵化器高质量发展的重要标志，研究人员对本书研究的多个科技企业孵化器对硬科技产品孵化全流程进行考察分析，虽然不同孵化器、不同技术产品的孵化有细微差异，但总体上，专业技术企业孵化器对硬科技产品的孵化流程是有章可循的，流程大体如图6-1。

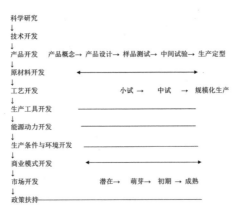

图6-1 硬科技企业孵化流程图

注：箭头线条表示科技成果转化存在这种情形，直线表示可能存在（也可以不存在）该种情形，线条长短表示在该过程存在影响或发生作用。科技成

果的孵化一般从产品开发的后期开始，包括工艺开发、商业模式开发和市场开发等阶段，其中，政策扶持贯穿全过程。

一、经验一：始终坚持市场主导原则进行产业孵化

第一步，组建懂行业的服务团队。对进行硬科技项目孵化来说，多数项目仅具有初级样品或技术原型，甚至只有技术研究。如何在众多现有科技成果中，筛选出可能有市场，又有可能产品化的成果，就需要懂得多个行业应用的人来执行。意向进入这 12 家科技企业孵化器的科技成果，主要集中在农业新品种、耕作栽培新技术、农药、电子信息材料、高分子新材料、新能源、新型环保技术等领域，其应用领域相对集中于农业和制造业，相应的孵化器都组建了熟悉该技术（产业）领域的市场专家和技术专家来参与准备孵化的科技成果筛选。

第二步，确定技术是否可行。在技术专家意见的基础上，各个孵化器的专业技术孵化服务团队都与合作机构进行多次深入交流，都对可以孵化的科技成果，按照可产业化的可能性来划分，分为近期产业化、需验证后再产业化、需进一步研发三类。懂行业的专业技术服务团队、专家在准备入孵的成果筛选这个环节，做了大量的技术甄别、同类和类似产品甄别等工作，明确该技术产品在技术上的可行性。

第三步，发掘该技术产品应用市场需求并进行匹配，确定市场是否可行。各个孵化器都借助懂行业的专业技术和市场服

务团队，以及他们的朋友、合作伙伴等，收集与筛选出与该科技成果应用相关的市场需求，并与该科技成果进行技术和市场匹配，并进行可行性分析。

通过行业人士收集过来的行业需求，相对会更加精确和真实，同时对需求有深刻的体会和理解，对解决需求的方式和需要的技术方向也有初步设想和建议，在做需求与科技成果匹配过程时可以更直接和针对性。这一环节可以帮助科技项目获得潜在市场合作方和客户。

第四步，组建孵化项目和团队。首先，对于科技成果转化项目，孵化器都征求合作机构、项目团队的意见，要求各方严格界定科研成果的归属和日后收益的分配，各个孵化器具体做法稍有差异，但本质内容一致。其次，孵化器都征求科技成果研发负责人和主要研发人员的意见，是全职参与、非全职参与还是提供技术支持，并制定孵化器、科技成果产权各所有人，包括研发负责人及研发团队主要成员的权益和分配方法。最后，在研发团队中确定科技项目团队技术负责人，在服务团队中选择懂得该技术的人员（专家）为孵化项目的协调者和市场负责人，赋予相应的资源和权力，推动项目进行。组建好孵化项目团队后，这个项目的参与机构共同提供启动资金和其他资源，帮助项目启动。

第五步，厘清所需要的生产技术工艺、原材料（耗材）和设备，推动技术产品化。这一步非常关键，过去很多科技孵化机构忽略或者弱化这一步。本书研究的各个孵化器做了科技成果筛选和需求匹配后，对于前述所说的硬科技产品孵化，大多数研发人员和项目团队或者孵化器，实际上并不确定或并不知道什么样的产品会受欢迎，这里面涉及产品功能设计、外观设计、使用体验、功能完善等很多细节。即使是同样的技术，如果产品功能、外观等不同，所需要的技术工艺、原材料（耗材）、零部件、设备等也有所不同，这就要求孵化器和项目团队在技术工艺、原材料（耗材）、零部件和设备上根据不同产品要求提前做准备。

从技术转变到产品，是一个把技术和市场进行有机结合的过程，消除技术和市场之间的隔阂和信息不对等的过程，在这当中，技术工艺、原材料（耗材）、零部件和设备是把产品实用化的必经过程。

第六步，借助懂行业的市场专家参与产品化，可以做到技术向实用化、功能化和便捷维护方向转化，大大缩减后期产品市场化的试错时间和成本。在做出产品后，与合作方一起进行小批量应用，以完善和改进产品，修补缺陷，试探市场接受度。科技项目孵化最大的投入就是在这一步，涉及产品设计、样品制造、市场测试、产品修正等环节。这一步的成败决定了这个项目的发展走向，本书考察的 12 家孵化器案例，很多项目都没有通过这一步，能够通过这一步的都发展得不错。

第七步，产品市场化。在经过第六步工作后，孵化项目已经具有市场化的条件，可以作为孵化成功的项目推向市场。

以上就是这几个科技企业孵化器硬科技项目孵化的流程概括，每一个环节都由懂行的技术专家、市场专家参与和协调，始终坚持市场主导、多方参与、共担风险的原则进行开发。

二、经验二：应用场景和天使客户至关重要

各案例孵化器积极打造创新型应用场景和寻找天使客户，为孵化产业技术提供需求支撑。应用场景，指一个新的孵化技术产品被使用的时候，用户"最可能的"所处场景。场景包括时间、空间、设备支持、社交及用户情绪等方面，进行应用场景的判断和描述的时候，尽量把这些都考虑到比较好。场景化的分析会让需求更有针对性，产品开发更具针对性，而没有使用场景的产品并没有用户价值，不值得开发。天使客户是第一批使用创新技术产品的客户，是科技成果孵化成功的最重要标志，案例中的孵化器在寻找天使客户中扮演了非常重要的角色，甚至就是天使客户，大大拓展了孵化服务的辐射边界。

第七章

推动科技企业孵化器高质量发展的建议

第一节　改革科技企业孵化器支持政策指向

一、纠正政府的错位和缺位

无论是理论还是现实，在我国的国情下，政府是科技企业孵化器高质量发展的最重要影响因素。各级政府在科技企业孵化器高质量发展中的作用是独特的、无可替代的，但由于形势的变化，政府职能在科技企业孵化器高质量发展中的错位和缺位的问题也亟待解决。

错位现象主要表现为政府直接入股投资初创企业，但缺乏风险投资管理的相应机制；替代市场给孵化器定级别，如国家级、省级、市县级等；政府通过奖励、贴息、补助等，给孵化器提供"撒胡椒面"式的奖补，既存在不公平竞争的嫌疑，又降低了财政资金的使用效率。这种错位的制度某种程度上"鼓励"一些孵化器造假骗取财政资金。

缺位现象主要表现为产业创新的共性服务不足，如中试、检验检测等技术平台不足，成为科技成果转化的瓶颈；创新的科技中介服务（技术熟化或二次孵化）不足，大量初创企业和中小企业缺乏技术熟化服务等；政府对创新产品的采购支持不足。

在新的形势下，应逐步调整政府职能，从部分市场可以解决的领域中退出，集中力量解决市场不能解决的问题，而不是加大力度介入企业对具体创新技术产品的经营和管理，更不能扭曲技术创新市场。

二、政府政策应发挥引导和精准扶持作用

应对不同类型的孵化器提供不一样的政策支持。随着孵化器产业的市场化程度加深，目前市场不同类型的孵化器鱼目混珠，特别是不少冠名的孵化器，仅提供租赁场地的"二房东"或解决就业的低端创业，本身没有孵化服务，也没有技术产品孵化能力。政府在提供政策支持前应将孵化器划分为不同类型，并与科技政策、产业政策、人才创业政策相结合，提供差别化的支持政策。对于需要国家重点支持的专业技术型孵化器，由于存在很大的正溢出效应，政府应对这类孵化器提供风险补偿金，形成风险共担机制。对于市场化程度高的一般孵化器，政府在支持孵化器发展的过程中应通过完善市场条件发挥竞争机制的力量。

三、改变评价标准和支持政策

要发挥政策引导力，以孵化结果为导向推动孵化器扶持政策实现两个"转向"：政府对孵化器的评判标准以前更多关注孵化投入，忽略孵化产出，应该从过去关注孵化投入，如孵化面积、创业导师、创业服务、融资数量等孵化投入，转化为关注孵化产出，包括在孵在业企业数量（质量）、毕业企业数量、专精特新企业数量、高新技术企业数量、在孵企业行业集中度、在孵企业发明专利等知识产权数量、在孵企业总收入、人才聚集、就业和税收贡献等，以孵化结果导向引导孵化器提升服务效果。在此基础上改变政府扶持资金分配方式，转向重点支持高质量的专业技术孵化器，激励强者，推动高质量专业技术孵化器做强做优，为其他孵化器提供示范，倒逼其他孵化器提升能级。

第二节　多渠道推动专业技术孵化器建设

鼓励孵化器聚焦细分领域的新兴产业，朝专业化、产业化方向发展，通过构建工业设计、概念验证、小试、中试和放大量产、检验检测、产品体验、市场销售等产业孵化服务体系，为入驻企业产业化发展提供个性化、通用或专用性的专业服务，并结合不同产业类型、不同发展阶段的企业需求，制订个性化产业服务方案，加速推动同类产业类别上下游产业链式孵化。[①]

一、推动龙头骨干企业建设专业孵化器

龙头企业围绕主营业务方向建设专业化载体，培育发展新的增长点。这类孵化器的母体公司围绕特定行业领域，在筛选孵化企业时对其业务范围和能力有着明确要求。在这类孵化器中，母体公司提供的服务远远超出了传统孵化器中的资金投入、场地、物业和管理服务的范畴。母体公司凭借其雄厚的专业技术和产业基础，不仅能为在孵企业提供行业领先的技术、完善的实验测试设备和手段、质优价廉的核心零部件，从而促进其研发的顺利进行，而且还能为在孵企业提供市场信息，帮助其与可靠的供应商建立联系，甚至提供市场渠道或直接的客户，从而大大降低其商业化中的风险，提高孵化的成功率。[②]

由于母体公司在挑选孵化企业时带有明确的目的性，而且为在孵企业的开发项目提供需求指导，因此在孵企业的运营具有清晰的战略导向。在孵企业在自身的成长壮大中也拓展了母

---

① 付永红，王小清. 科技创业孵化载体专业化发展问题与对策研究 [J]. 科技智囊，2021（5）：18-24.
② 吴晓波，章威，陈宗年. 一种新型科技孵化组织模式：专业化网络型孵化器研究 [J]. 科技进步与对策，2008（8）：7-9.

体公司的上下游业务，或者横向拓展了母体公司的业务领域，形成了以母体公司为核心、在孵企业为补充的技术创新体系和战略联盟。联盟成员之间分工明确、协作紧密、统筹规划、资源共享，有效提高了联盟体内各企业在新技术、新业务拓展方面的成功概率，降低了各自的风险。

因而，需要积极推动行业龙头骨干企业借助技术、管理等优势和产业整合能力建设专业技术孵化平台（孵化器），按照市场机制与其他创业主体协同，优化配置技术、装备、资本、市场等创新资源，围绕产业链上下游孵化器创业项目，并从中发掘优质项目进行吸收放大，培育自身经济发展新的增长点。

二、鼓励有条件的高校和科研院所建设专业技术孵化器

充分发挥高等院校和科研院所的优势，鼓励和支持有条件的高校和科研院所围绕优势学科或技术，充分利用重点实验室、工程（技术）研究中心、工程实验室等创新载体，推动仪器平台高效利用，建设以科技人员为核心、以成果转移转化为主要内容的专业技术孵化载体。

充分发挥科研院所，特别是新型研发机构体制新颖、机制灵活、管理先进、运行高效、人才富集等鲜明特点，鼓励其通过聚集高端创新资源，增加源头技术创新有效供给，为科技型创新创业提供专业化服务，加速科技成果转化，打造一批新型高科技企业。

三、推动现有的综合孵化器转型升级为专业技术孵化器

专业孵化器可分为两种组建模式："一器一专业"模式和"一器多专业"模式。对于目前发展较好的综合孵化器，按照产业细分，找出孵化器内该细分产业的企业，根据孵化器的数量和产业技术前景，重点提供该产业技术领域的孵化服务，逐步打造专业技术服务平台，逐渐过渡为专业技术孵化器，形成"一器一专业"模式，即整个孵化器就是一个专业孵化器。如果孵化器内几个细分产业发展都比较突出，则可以分头提供专业技术服务和技术服务平台建设，建成"一器多专业"的专业技术孵化器。无论是"一器一专业"还是"一器多专业"，这类专业孵化器都是综合孵化器转型升级的表现。①

四、支持三旧改造升级空间打造专业孵化载体

梳理老旧厂房、低效楼宇等资源，引入专业孵化团队，以合作开发、委托运营等方式，围绕高精尖产业打造一批配套好、品质优、专业性强、链条较完备的专业孵化器。利用区内优质载体，围绕人工智能、智慧城市、工业互联网等领域，落地一批专业孵化器。依托区内老旧厂区改造提升契机，积极布局高端装备、智能科技等领域专业孵化器，加速特色产业集

---

① 孙大海，乐文，施立华. 我国专业孵化器的发展轨迹与路径选择 [J]. 中国高新区，2009（11）：89-93.

聚。支持特色园区引入高端软件、工业互联网等领域专业孵化器，与本地国家软件园、高新技术产业开发区的产业园"双园融合"发展。

五、加快孵化器硬科技专业技术平台建设

围绕技术服务加快平台建设，着力强化"升级、自建、联建、联动"四大类型技术平台建设，引导已建平台的载体加大设备投入，进一步升级打造一批"研转孵投"一体化专业技术平台。引导孵化载体聚焦细分产业领域，做实做优专业孵化，加快建设一批"小而美、小而精、小而专、小而强"的专业孵化器。充分发挥国家实验室、省实验、科研机构、高水平研究型大学等科技力量的尖端引领作用，新建一批前沿概念验证中心、中试平台等超前孵化载体。发挥大校、大院、大所创新溢出效应，健全成果高效转化机制，实现创新成果就地转化。

第三节　培育品牌孵化机构

一、引进知名品牌孵化机构

聚焦工业互联网、高端先进制造、人工智能、生物医药、新能源、新材料等重点领域，筛选一批国内外资源丰富、服务

模式先进、孵化实力较强的知名孵化机构，建立目标机构招引清单，推动落地新建、并购孵化机构。加强与国际知名孵化机构联系，谋划合作共建高质量孵化器。推动标杆孵化器运营机构在本地新建、并购孵化载体，链接优质项目、高端人才、专业技术、创投资本，集聚一批技术领先的创业企业。支持国内外知名投资人和投资机构创办高质量孵化器，引导所投资的硬科技企业落地。

二、鼓励专业孵化器连锁经营

连锁孵化器，是拥有两家及以上实体空间载体，在同一商号、标识孵化服务品牌以及运营模式下，通过空间区域协同或线上、线下协同，促进资源整合和共享，并为企业提供发展资源和孵化服务、加速初创企业成长的一种经济发展工具。连锁运营模式的开展是孵化器提升运营效率、增强规模实力，从而在愈渐激烈的市场环境中提升竞争力的有效途径。

三、推动大企业建设开放创新型孵化器

推动具备条件的大型链主企业、产业融通服务机构等建设产业孵化器，形成"龙头企业+服务平台+中小企业"的融通创新示范。依托省市头部企业和合作伙伴，推动建设头部企业产业链上下游产业孵化器。支持具备条件的企业建设孵化器，探索开展人才选聘、薪酬激励、经营自主权扩大、投资基金设立、轻资产运营、考核评价机制完善等改革试点。

第四节　推动存量孵化器转型升级

一、支持孵化机构完善专业服务

支持重点孵化器围绕产业链上下游需求，以自建或共建等方式，打造专业技术服务平台，为早期硬科技项目提供低成本、高效率的技术开发、小试中试、检验测试等专业服务。推动知识产权公共服务平台建设，引导孵化器与高水平的知识产权机构加强合作，为在孵企业提供高水平知识产权服务。支持孵化机构建设专业孵化团队，做精做细创业辅导、融资顾问、资源对接等专业服务，提升孵化服务精细化水平。引导孵化器搭建共享服务平台或联合孵化中心，通过机制协同、组织创新和资源共享，开展跨区域、跨领域的协同创新和孵化服务合作。以创业孵化基地为抓手，打造创业服务体系，将基地打造成落实创业政策的主阵地，助力初创企业发展。

二、支持孵化机构拓展应用场景

重点发挥本地优势产业技术优势，推动相关领域创业企业开拓应用场景和市场，加速在孵科技企业成长。鼓励政府和相关单位面向孵化器、科技企业持续开放一批文旅消费、智慧城市、教育、金融等领域示范性强、带动性广的应用场景，促进企业新技术新产品（服务）在本地实现落地应用。强化技术需求方和技术供给方的组织对接能力，开展常态化供需对接活动，不断畅通孵化器和科技企业与外部合作渠道。

三、鼓励存量孵化器逐渐聚焦特定领域

鼓励孵化器与当地政府的资源、主导产业、龙头产业、特色产业相结合，在建设过程中，不断优化服务管理体系，着重提高孵化器载体的专业化程度，提前布局，合理谋划，为积极推进孵化器建设贡献力量。

第五节　推动孵化器与其他业态融合发展

一、推进孵化器与产业园区同频发展

鼓励孵化机构与特色产业园区组建细分领域产业孵化联盟，建立人才、项目、企业、空间、服务、资源等信息常态化共享机制，组织优秀在孵企业"园区行"，建立长效对接和接力孵化机制。充分利用好园区政策、资源，为在孵企业提供后续的发展空间、专业技术、市场拓展、信贷担保、风险投资等

链条化服务，促进在孵硬科技企业优先到产业匹配度较高的园区落地发展。依托头部大企业和特色科技园区，布局一批专业型孵化器和科技企业加速器，为孵化阶段企业的快速成长提供空间和配套服务，培育引入一批科技含量高、产业特色鲜明、发展潜力大的科技企业，以点带面打造形成一个创新产业群落。

二、促进大中小企业融通孵化

支持孵化器与产业链主建立紧密联系，整合大企业的研发需求、市场订单、资金资本和产业资源，开展精准对接，促进创业企业持续融入大企业创新链、产业链、供应链体系，实现上中下游大中小企业协同发展，探索对成效显著的大中小企业融通联合体给予相关支持。围绕人工智能、工业互联网、高端先进制造、新能源、新材料、生物医药等重点领域，鼓励大企业设立生态链投资基金，布局早期成果转化创业企业和前沿颠覆性技术项目。推动大企业为产业链上的中小微企业提供供应链金融、融资增信等服务，助力上下游企业解决融资难问题。

三、布局未来产业孵化新赛道

聚焦未来产业方向，重点关注未来信息、未来能源、未来材料、未来食品、未来制造、未来空间、未来医药等领域，以专业孵化器和特色园区为依托，引导区内科研机构、领军企业、投资基金在本地布局上述前沿领域的新型研发机构、专业技术企业孵化器等，集聚相关顶尖创新人才和创业项目，培育一批技术全球领先、发展前景广阔的硬科技企业。鼓励孵化器与知名高校院所、新型研发机构合作，强化前沿领域早期项目的专业化选育，加强前沿科技的跟踪对接，从"选育项目"向"创造项目"转变，提升孵化策源功能。

四、探索多元"城市孵化"新模式

探索推进创新创业友好型城市建设，在地铁沿线等交通便利区域，鼓励打造一批青年创新创业社区，增加创新创业公共空间和交流场所，促进各类创新创业人才聚集发展。鼓励本地楼宇运营主体，吸引孵化器、加速器、专业服务平台以及财务法律等专业服务机构入驻，形成楼宇创新创业集聚区。探索社区孵化、社群孵化等新模式，支持具备条件的闲置空间，改建为小型孵化场所和创业公寓，建设多功能的社区型孵化器，解决初创企业办公用房贵和创业者居住成本高、通勤压力大等问题，降低创业成本。

第六节　提升专业孵化人才素质

一、创新孵化人才引培机制

引导有经验的硬科技投资人、资深产业服务专家、具有成功转化经验的科学家、业界知名产品经理、优秀连续创业者等参与孵化机构投资、运营与管理，打造专业孵化人才队伍。探索"超前孵化"新模式，挖掘和储备一批经验丰富的创业CEO、产品经理、工程师、营销专家等人才，组建"超前孵化"合伙人团队。支持孵化器设立博士后工作站，鼓励博士后开展交叉融合、产品导向的技术研发和验证，实现高水平创新创业人才和优质硬科技创业项目同步孵化。

二、打造金牌创业导师队伍

鼓励孵化器聘请企业管理专家、技术创新专家、科技金融服务专家、科技资源服务专家、载体运营管理专家等，签约成为孵化器创业导师，组建专业化的导师队伍，开设具有针对性的培训课程，为在孵企业和初创团队提供优质辅导服务。举办金牌导师开放日活动，为科技创业者提供优质导师对接渠道，助力企业获得高水平的技术指导、市场分析、投融资对接、管理咨询、产业资源匹配等专业服务。

三、强化孵化人才服务保障

企业项目孵化的过程中缺乏专业的管理和运营团队，专业化人才的欠缺短板明显，尽管很多孵化器运营者进行多次尝试，也难以改善机制僵化的困局，缺少专业化管理团队成为始终困扰孵化器经营者的硬伤。随着专业化孵化器建设工作的推进，对应的专业人才缺乏问题暴露得愈加明显，专业的孵化器对专业化的服务需求更高，这成为阻碍孵化器高质量发展的一大因素。

因此，必须聚焦本地高精尖产业发展方向，建立细分领域高端孵化人才团队筛选挖掘机制，形成动态清单，好中选优，精准引进科技孵化业绩突出、行业影响力较大、创新和产业资源丰富的人才团队，量身定制资金、空间、人才等扶持政策。探索将重点孵化人才纳入本地高端人才支持序列。强化高端孵化人才评价，支持孵化人才申报技术经纪人等专业职称，拓宽职业上升通道。

第七节　强化投融资的支持

一、探索孵投贷联动金融服务模式

鼓励本地优质孵化器联动本地投资母基金，推动设立早期硬科技投资种子基金、专业创业投资基金，深化概念验证、股权投资联动探索，带动社会资本投资前移。支持创投机构与银行、担保、保险等加强合作，探索和深化投贷联动、投保联动等服务。引导孵化器加强与银行、保险、担保等金融机构合作，联合开发硬科技创业贷，支持硬科技创业企业发展。强化科技企业上市培育库对接服务，增强针对性的资本市场融资服务，优化硬科技企业培育机制，支持高质量孵化器培育的科技企业上市融资。

二、激发国资投资孵化活力

鼓励国资高质量孵化器创新模式，畅通利益共享机制，允许国有孵化团队持股孵化，优化投资审批流程，试点退出与容错机制。充分发挥金融服务类国有企业综合金融服务能力、各类国资基金的资本带动能力，鼓励国有企业积极投入土地、资金、设施、应用场景等创新资源，参与高质量孵化器建设。

第八节 打造创新孵化命运共同体

一、鼓励组网打造孵化命运共同体①

如前文所述,科技企业孵化器及其在孵企业均存于孵化服务网络中,其所占据的空间与持有的资源决定了各自的网络位阶(网络位置),网络位阶则决定孵化器的资源动员和管理能力,从另一个角度看,这个孵化服务网络系统也是一个合作孵化企业的系统,是一个具有共同目标共同行为的合作共同体。共同体中,主体层是孵化器中进行培育的企业,而共同体中"学研政社"的资源优势是合作系统中的环境层。也就是说,在这个共同体中,具有竞争优势的在孵企业是共同体"核"。环境层是孵化器搭建或链接的外部资源整合与支持平台,各个主体在环境层中为在孵企业成功孵化提供资源支持。如前文所述,环境层主要包含政府政策、技术、人才、资金、市场与信息资源。

---

① 苗丽静,李学思. 创新共同体的自组织演化及其价值共创机理:基于"启迪之星"孵化器案例的分析 [J]. 厦门特区党校学报, 2020 (5): 61-65.

二、鼓励资源和利益共享

（一）资源共享

价值共创是投入—共享的过程，分为资源共享与利益分享。共同体经过自组织演化形成稳定的架构后，可凭借自身具有的资源在技术市场、科技项目、创新要素流动等方面开展各种合作。合作的具体内容主要表现为资源共享、要素流动、技术市场互联、科技项目合作、创新平台协作等。最终体现为孵化投资初创企业，并在孵化成功后得到利益回报。各方主体在对在孵企业的投入过程中实现资源共享。其中，高等院校与科研机构以技术入股的形式与现有科技企业孵化器合作，在企业孵化完成后按照合同约定的利润分配比率获得收益。高等院校具备人才资源，如丰富、高质量的校友资源与科技人力资源等。高等院校可组织孵化器进校园活动，可选用适宜案例编写相关教材、设置选修课等。科研机构掌握着大量的科技成果，它的加入可使其在研项目更好地投入实践中，在尝试中寻找不足，进行改正。政府在资金和政策等方面支持科技企业孵化器，如界定孵化器条件，实施创业扶持税收减免政策，加强对孵化器的评估与审核，设立风投基金，等等。社会中介组织主要凭借资金资源在科技企业孵化器的指导下对企业进行投资，如天使投资。

（二）利益分享

首先，合约的建立。相关主体的相同利益追求是创新共同体构建的根本动力。协同创新能够汇聚不同方向的人、财、物，凝聚力量，展现创新主体各自优势以提高创新实践效率，达到 1+1>2 的效果。实现知识成果产出后，利益分配便成为关键。在达成协同创新协议时，具体的分配方案需要写入合同，以明晰合同权利义务，减少矛盾纠纷。在企业被孵化成功并发展为成熟企业后，创新共同体各方可以根据利益分享机制获得投资收益。企业与储备人才的科研机构、高校签订协作创新合同，约定企业给予一定资金等支持，或者由企业促使产出的知识成果商业化和产业化。其次，知识产权共享问题。创新主体对知识成果产出贡献程度不一，可合理依据有关法律法规规范合作完成知识成果的权利享有、独占使用、排他使用、知识产权转让等行为。最后，明确政府收益。政府在企业孵化成功后，会增加当地就业机会，吸引高层次人才，激发技术创新，最终增加税收。社会中介机构要发挥桥梁作用，将具有创新潜力的科技在孵企业推荐给投资主体，保证科技孵化得到有力的资金支持。

三、借助外力打造创新孵化命运共同体①

如前文所述，单一孵化器不可能拥有全部的孵化资源，孵化器要借助孵化服务网络内外的资源来增加孵化服务的供给以满足在孵企业的需要。近年来创新创业环境催生出一大批市场化、专业化的创业孵化机构，包括创业投融资机构、充分沟通交流的媒体平台、行业社交网络、专业技术服务平台、产业链资源的专业服务机构，以及将创客的奇思妙想和创意转化为现实产品的创客孵化平台。孵化器从创业企业需求出发，聚拢这些资源搭建起大平台，借助外力来服务企业。

在借外力、聚服务的孵化器经营中，有两类人需要特别重视。一类是志同道合的，包括孵化器联络员在内的孵化器从业人员，他们与创业者心灵相通，常常陪伴在创业者身边，给予他们资源和力量。孵化器里的联络员主要负责如下工作：保持与企业的日常联络，保持与创业导师的联系，根据企业需求设置各种培训课程，包括针对企业发展过程中的普遍性问题和针对企业不同发展情况出现的问题等，随时随地精准链接企业需要的资源。另一类是创业导师，孵化器聘请的导师主要包括拥有各种人脉资源和丰富的企业经营经验的高管、已经成功创业的创业者，他们凝聚数十年的人生智慧，可以在创业者迷茫、

① 吴洁. 如何打造孵化器行业"命运共同体"？——当今经营孵化器的要素分析 [J]. 华东科技，2018（5）：60-61.

困惑的关键时刻指点迷津，让创业者开阔视野、少走弯路。

在借外力、聚服务的过程中，由于各种专业服务机构、导师的引入、民营孵化器的建立，"命运共同体"态势越来越凸显。孵化器对创业者进行一对一的帮扶，经过创业者的接受转化为新的行动。孵化器向创业者提供的这种深度孵化服务为科技创业企业创造价值，加速其成长，也实现了双方的"利益共享"。

参考文献

一、中文文献

（一）中文著作

［1］李亮，刘洋，冯永春．管理案例研究：方法与应用［M］．北京：北京大学出版社，2020.

［2］卢锐．企业孵化器理论及其发展研究［M］．合肥：安徽大学出版社，2006.

［3］《中国创业孵化30年》编委会．中国创业孵化30年［M］．北京：科学技术文献出版社，2017.

［4］马凤岭，夏卫东，张峰海．科技企业孵化器理论与实务［M］．北京：科学技术文献出版社，2008.

［5］周怀峰，陈晔，吴勇浩，等．基于广东经验的科技企业孵化服务网络的构建、治理及政府角色研究［M］．广州：华南理工大学出版社，2020.

（二）中文期刊

［6］郭磊，郭田勇．科技企业孵化器的功能迭代与发展方向［J］．中国财政，2018（7）．

［7］何欣，李通．协同视角下企业孵化器服务质量提升路径研究：以甘肃省创服中心为例［J］．兰州大学学报（社会科学版），2016，44（2）．

［8］霍国庆，郭俊峰，袁永娜，等．基于价值链的科技企业孵化器核心竞争力评价研究［J］．数学的实践与认识，2012（24）．

［9］李小康，胡蓓．大企业衍生创业对创业集群形成的影响研究［J］．科研管理，2013，34（9）．

［10］李振华，赵黎明．多中心治理区域孵化网络特征与动态能力建设［J］．科研管理，2014，35（6）．

［11］李振华，赵黎明．科技企业孵化器的网络化发展研究［J］．科技管理研究，2007（11）．

［12］李振华，李赋薇．孵化网络、集群社会资本与孵化绩效相关性［J］．管理评论，2018，30（8）．

［13］刘伟，黄紫微，丁志慧．商业孵化器商业模式创新描述性框架：基于技术与资本市场的创新［J］．科学学与科学技术管理，2014，35（5）．

［14］刘玉石，颖逸．市场型孵化器发展的现实途径：以启迪之星为例［J］．中国集体经济，2019（1）．

[15] 刘志迎，武琳．众创空间：理论溯源与研究视角 [J]．科学学研究，2018，36（3）．

[16] 马凤岭，陈颉．基于扎根理论的孵化器商业模式演进机制研究 [J]．科学学与科学技术管理，2014，35（5）．

[17] 毛基业，陈诚．案例研究的理论构建：艾森哈特的新洞见：第十届"中国企业管理案例与质性研究论坛（2016）"会议综述 [J]．管理世界，2017（2）．

[18] 孙大海．轮次孵化模式培育企业领袖 [J]．中国高新区，2007（9）．

[19] 唐炎钊，韩玉倩，李小轩．科技创业孵化链条的运作机制研究：孵化机构与在孵企业供需匹配的视角 [J]．东南学术，2017（5）．

[20] 王晓青，林苍松，吴秋明．企业孵化器孵化能力影响因素及其作用机制：基于扎根理论的一个探索性研究 [J]．技术经济，2021，40（6）．

[21] 王志标，杨盼盼．创新驱动价值链重构作用机理探究 [J]．科技进步与对策，2015，32（21）．

[22] 翁建明．科技企业孵化器基于价值链的竞争战略分析 [J]．武汉理工大学学报（信息与管理工程版），2008（5）．

[23] 吴克婵．创新孵化价值链的概念与内涵 [J]．特区经济，2016（2）．

[24] 吴文清，石昆，黄宣．科技企业孵化器网络嵌入、

知识能力与孵化绩效［J］．天津大学学报（社会科学版），2019，21（3）．

［25］谢艺伟，陈亮．国外企业孵化器研究述评［J］．科学学与科学技术管理，2010，31（10）．

［26］徐伟青，檀小兵，章小斌，等．国外团队社会网络研究回顾与展望：基于知识转移视角［J］．外国经济与管理，2011，33（11）．

［27］杨霞，池仁勇，王会龙，等．实现区域孵化器网络化的制度困境及对策［J］．软科学，2003（5）．

［28］余长春，沈先辉．服务模块化价值网络治理机制研究［J］．中国科技论坛，2017（11）．

［29］张力，刘新梅．在孵企业基于孵化器"内网络"的成长依赖［J］．管理评论，2012，24（9）．

［30］赵立雨．内部 R&D 投入、外部资源获取与绩效关系研究［J］．科研管理，2016，37（9）．

［31］庄亚明，李金生．基于区域核心能力的新兴产业孵化模型研究［J］．科学学与科学技术管理，2007（11）．

［32］邹伟进，郑凌云．中国企业孵化器网络化演进：基于网络治理理论分析［J］．中国地质大学学报（社会科学版），2010，10（1）．

［33］吴肃然，李名荟．扎根理论的历史与逻辑［J］．社会学研究，2020，35（2）．

［34］周怀峰，陈晔. 科技企业孵化服务网络成员的合作基础［J］. 技术与创新管理，2017，38（2）

［35］周怀峰，吴勇浩. 共同体视角下孵化服务网络成员间的合作［J］. 技术与创新管理，2016，37（5）.

二、英文文献

（一）外文著作

［1］OKTAY，JULIANNE S. Grounded Theory［M］. New York：Oxford University Press，2012.

［2］YIN R K. Case Study Research：Design and Methods［M］. Thousand Oaks，Sage Publications，2009.

（二）外文期刊

［3］BRUNEEL J，RATINHO T，CLARYSSE B，et al. The Evolution of Business Incubators：Comparing Demandand Supply of Business Incubation Services Across Different Incubator Generations［J］. Technovation，2017，32（2）.

［4］EISENHARDT K M. Building Theories from Case Study Research［J］. Academy of Management Review，1989，14（4）.

［5］MAHKA M，RAJSHREE A. Incubation of an Industry：Heterogeneous Knowledgebases and Modes of Value Capture［J］. Strategic Management Journal，2017（38）.

［6］RUBIN T H，AAS T H，STEAD A. Knowledge Flow in

Technological Business Incubators: Evidence from Australia and Israel [J]. Technovation, 2015 (41/42).

[7] STRAUSS A C J. Grounded Theory Methodology, an Overview [J]. SAGE Publications, 1994.

后　记

本书是广州科技企业孵化协会资助研究项目"科技企业孵化器高质量发展的广州范式"的最终成果，也是广州市哲学社会科学"十三五"规划项目——"广州深入推进'广深港澳科技创新走廊'建设研究"（项目编号：2020GZYB32）的成果。

以下单位也为本书的写作、出版提供资助，协助、配合实地调查访谈并提供一手、二手资料，对本书的完成完善起到重要作用，在此表示衷心的感谢。

名单如下（按孵化器名称的笔画排序）：

广州市3D打印产业园（广州市晟龙工业设计科技园发展有限公司）

广州市高新技术创业服务中心（广州市高新技术创业服务中心有限公司）

白云电气孵化器（广州市世科高新技术企业孵化器有限公

司）

达安创谷生物医药健康产业专业孵化器（广州市达安创谷企业管理有限公司）

华南新材料创新园（广州华南新材料创新园有限公司）

励弘文创旗舰园（广州励弘文创创业服务有限公司）

启盛会展产业园（广州启盛科技企业孵化器管理有限公司）

易翔科技园（易翔通信设备（广州）有限公司）

金颖农科孵化器（广东金颖农业科技孵化有限公司）

莱迪生命健康城（广州莱迪光电股份有限公司）

盛达电子信息创新园（广州市怡祥科技企业孵化器有限公司）

骐丰科技园（广州骐丰科技有限公司）

全书由周怀峰教授起草提纲，陈晓龙、王雪峰、周怀峰分工完成各章节，周怀峰教授最后修改定稿。

陈晓龙、王雪峰、周怀峰

2023 年 11 月于广州